Primeiros escritos

Campo Freudiano no Brasil

Coleção dirigida por Judith (*in memoriam*) e Jacques-Alain Miller

Assessoria brasileira: Angelina Harari

Jacques Lacan

Primeiros escritos

Tradução:
Vera Avellar Ribeiro

Copyright © 2023 by Éditions du Seuil e Le Champ Freudien Éditeur

Grafia atualizada segundo o Acordo Ortográfico da Língua Portuguesa de 1990, que entrou em vigor no Brasil em 2009.

Título original
Premiers écrits

Imagem de capa
Collection Bourgeron/ Bridgeman Images/ Easypix Brasil

Revisão técnica
Angelina Harari

Preparação
Claudio Figueiredo
Tati Assis

Revisão
Adriana Bairrada
Fernanda França

Textos de Jacques Lacan neste volume: os textos em que aparece o nome de Lacan, assim como os que trazem sua assinatura exclusiva, foram retomados de revistas ou de outras publicações em sua edição original. Eles estão, portanto, em conformidade com essas versões. As referências concernentes à primeira publicação dos textos figuram no final deste volume.

Dados Internacionais de Catalogação na Publicação (CIP)
(Câmara Brasileira do Livro, SP, Brasil)

Lacan, Jacques, 1901-1981

Primeiros escritos / Jacques Lacan ; tradução Vera Avellar Ribeiro. —
1ª ed. — Rio de Janeiro : Zahar, 2024. — (Campo Freudiano no Brasil)

Título original : Premiers écrits.
ISBN 978-65-5979-175-0

1. Psicologia 2. Psicanálise. I. Título. II. Série.

24-206698   CDD-150.195

Índice para catálogo sistemático:
1. Psicanálise 150.195

Cibele Maria Dias — Bibliotecária — CRB-8/9427

Todos os direitos desta edição reservados à
EDITORA SCHWARCZ S.A.
Praça Floriano, 19, sala 3001 — Cinelândia
20031-050 — Rio de Janeiro — RJ
Telefone: (21) 3993-7510
www.companhiadasletras.com.br
www.blogdacompanhia.com.br
facebook.com/editorazahar
instagram.com/editorazahar
x.com/editorazahar

Sumário

Comunicado, por Jacques-Alain Miller   7

Abasia em uma traumatizada de guerra   11

Loucuras simultâneas   23

Estrutura das psicoses paranoicas   37

Escritos "inspirados": Esquizografia   61

O problema do estilo e a concepção psiquiátrica
das formas paranoicas da experiência   87

Motivos do crime paranoico: O crime das irmãs Papin   95

Psicologia e estética   109

Alucinações e delírios   123

Tradução
"Alguns mecanismos neuróticos no ciúme, na paranoia
e na homossexualidade", de S. Freud   132

Fontes   163

Comunicado

POR JACQUES-ALAIN MILLER

ANTES DE SER PSICANALISTA, Lacan foi psiquiatra. Os escritos do presente volume não teriam sido republicados se não convidassem a uma leitura a posteriori. O que eles nos ensinam sobre a formação do futuro analista que revolucionaria sua disciplina a partir dos anos 1950?

Ressaltarei, primeiro, que sua clínica está enraizada na unicidade do caso. Um caso nunca é escolhido por sua tipicidade, mas, ao contrário, por sua "singularidade". É preciso que ele apresente um "caráter original", uma "atipicidade". Poder-se-ia reconhecer aqui, de imediato, uma orientação para o "um por um" imposta pela prática da psicanálise. Foi assim que sua tese de medicina tomou a forma de uma monografia.

A singularidade do caso encontra-se no nível do detalhe clínico. Este é circunscrito com uma preocupação de precisão levada ao extremo da minúcia, a ponto de a observação parecer muitas vezes labiríntica para o leitor. Mais tarde, Lacan manifestará seu gosto pela "fidelidade ao envelope formal do sintoma".

Por sua formação propriamente psiquiátrica, Lacan se dirá devedor apenas de Clérambault, objeto de uma homenagem cuja magnitude parece trazer a marca de uma reivindicação do mestre para com o aluno. Seja como for, uma vez fora da órbita do mestre, Lacan ainda assim saúda, em sua resenha

"Psicologia e estética", o caráter de entidade estrutural do "automatismo mental", primeiro identificado e nomeado por Clérambault. Ele não dirá nada além disso em 1966.

Três outros traços constituem indícios do futuro. O uso da palavra "estrutura" para designar a organização de uma entidade formando um todo, separada de outras e destacada da noção de desenvolvimento (primeiro, em "Estrutura das psicoses paranoicas"). A importância concedida à análise dos escritos dos doentes, como o testemunha, em particular, "Escritos 'inspirados': Esquizografia". E, a partir daí, a conexão estabelecida do sintoma com a criação literária.

Não irei mais longe no pinçamento dos efeitos de a posteriori, o já-presente ao qual ele se presta não sendo senão um engano (cf. *Escritos*, p. 71).

Com exceção de duas resenhas, os dois artigos citados acima, aos quais cabe acrescentar a tese, marcam o ápice das produções de Lacan destinadas sobretudo aos psiquiatras. Os textos seguintes, sobre o estilo e sobre as irmãs Papin, aparecem em *Minotaure*, revista literária ligada ao meio surrealista, cuja proposta já havia despertado interesse. Já em "Escritos inspirados", ele próprio se referiu a Breton, Éluard, Péret.

Aqui termina a série do que chamei de seus "primeiros escritos". Trata-se de uma seleção. Na verdade, considerei que os textos psiquiátricos mais técnicos da década de 1920 não eram de natureza a elucidar o encaminhamento do pensamento de Lacan, nem a interessar ao público ou ao psiquiatra de hoje. Eles não poderiam ser considerados como escritos estritamente falando.

Lacan entrou em análise em 1932, é a partir daí um analisante que segura sua pluma, depois um analista. Desde o iní-

Comunicado

cio, ele pretende trazer algo novo e entrar na carreira de modo espetacular.

O novo foi, em 1936, o primeiro esboço do "estádio do espelho". Ele vai ao Congresso Internacional de Psicanálise em Marienbad para expor esse achado que, de fato, se revelará o ponto de partida de seu ensino revolucionário. Por seu modo espetacular, ele se fez cortar a palavra ao cabo de dez minutos pelo presidente da sessão, Ernest Jones. Falhou! Ele guardará o ressentimento disso ao longo dos anos.

No mesmo ano, é de fato um freudiano que se expressa em um trabalho que considera "fundamental", no qual ele não se esquiva de criticar Freud por ter sido, em sua metapsicologia, infiel à fenomenologia da experiência, assim como por ter se extraviado, em sua doutrina, do "princípio de realidade", para além do qual Lacan se promete conduzir a psicanálise. O estádio do espelho, descoberto e formalizado pouco tempo depois, vem cortar as asas do desenvolvimento anunciado.

É desse ano, 1936, que Lacan, por ocasião da publicação de seus *Escritos*, em 1966, data sua "entrada na psicanálise". Dois anos mais tarde, um texto magistral já se propõe a refundar a psicanálise. Não sobre a primazia do significante, mas sobre um conceito ampliado de "complexo", do qual Freud teria percebido apenas uma face. A realização não está à altura da ambição, mas esta triunfará finalmente em 1951 com o "Discurso de Roma".

Assinaturas. Vários escritos têm mais de uma assinatura. Lacan, no entanto, considerava-se seu único autor (comunicação pessoal).

Colaboraram para a realização deste volume
Coordenação: Guy Briole
Responsável pela edição dos textos: Pénélope Fay, com Anne Brunet, Geneviève Cloutour-Monribot, Judith Couture, Françoise Kovache, Patricia Loubet, Bérengère Nicolas, Lise Roullet, Anne Semaille, Vanessa Sudreau

Abasia em uma traumatizada de guerra

Publicado na *Revue Neurologique de Paris*, 1928*

APRESENTAMOS ESTA DOENTE pela singularidade de um distúrbio motor provavelmente de natureza pitiática. Em 22 de junho de 1915, contundida durante a guerra pela explosão de um obus que, ao cair sobre a casa vizinha, destruiu sua casa, tendo ela própria sofrido algumas feridas superficiais, a doente constituiu, progressivamente desde então, uma síndrome motora, cuja manifestação mais notável se vê, atualmente, durante a marcha.

A doente, de fato, começa a andar para trás, caminhando na ponta dos pés, primeiro com passos lentos, depois precipitados. Ela interrompe esse movimento em intervalos regulares com alguns giros completos sobre si mesma, executados no sentido anti-horário, ou seja, da direita para a esquerda. Voltaremos aos detalhes dessa marcha que não vem acompanhada, digamos desde já, de qualquer sinal neurológico de organicidade.

A história da doente é difícil de ser estabelecida devido à verborreia inesgotável e desordenada com que a paciente se esforça, ao que parece, para estafar o médico desde o início do interrogatório: queixas dramáticas, interpretações patogênicas (ela teve "um afundamento de todo o lado esquerdo no

---

* Assinado pelos srs. Trénel e Jacques É.-L. Lacan.

cóccix" etc. etc.), história essa em que as datas se embaralham na maior desordem.

No entanto, consegue-se identificar os seguintes fatos.

Em 22 de junho de 1915, em Saint-Pol-sur-Mer, um obus de 380 milímetros destruiu três casas, incluindo a dela. Quando a retiraram, sua perna esquerda estava presa sob o chão desabado. Ela descreve com complacência a posição extraordinariamente contorcida em que o abalo a teria lançado. Foi encaminhada ao hospital Saint-Paul de Béthune, onde se constataram ferimentos por estilhaços do obus, ferimentos superficiais no couro cabeludo, no nariz, na parede costal direita, na região da fossa supraespinhosa direita.

As sequelas motoras de ordem comocional devem, desde então, ter sido aparentes, pois ela insistia, em todos os relatos, nas palavras que o major lhe dizia: "Fique bem ereta, você se manterá ereta, você está ereta, permaneça ereta"; começando, assim, a partir de então, uma psicoterapia que deveria, daí em diante, permanecer vã, uma vez que esta não lhe proporcionou sua educação nosocomial.

A partir de então, após curtas passagens por vários hospitais da região, ela chegou a Paris em agosto de 1915; somente a ferida nas costas ainda não estava fechada, ela supurava. É impossível saber dela exatamente quando essa ferida fechou, em setembro, ao que parece, o mais tardar. Mas, a partir desse período, ela caminhava com uma atitude de pseudocontratura, na ponta dos pés; caminhava para a frente; com dor nas costas, mas mantendo-se ereta. Ela afirmava ter tido uma paralisia do braço direito, o qual estava inchado tal como está agora.

Abasia em uma traumatizada de guerra 13

Nos anos que se seguiram, sua história foi composta pela longa série de hospitais, dos médicos que foi consultar, das casas de convalescença onde passou temporadas; depois, a partir de maio de 1920, das suas intermináveis altercações com os centros de reabilitação com os quais ela ainda permanece em desacordo. Dirigiu-se sucessivamente a La Salpêtrière, a Laennec, a um dispensário americano, a Saint-Louis, onde lhe fizeram escarificações na região cervical, escarificações que parecem ter favorecido a liberação de finos estilhaços de ferro fundido e de esgarçaduras de tecido. Em seguida, entrou como camareira na casa do duque de Choiseul, lugar que as crises de aparência nitidamente pitiática e a aparente extravagância de seu andar logo a forçaram a abandonar.

Esse andar, de fato, mudava várias vezes de aparência: andar que a doente chamava de "no barco", com pequenos passos; depois, um andar análogo ao das crianças que "levantam poeira"; por fim, o andar cruzando as pernas sucessivamente uma na frente da outra. Foi então que ela entrou, em janeiro de 1923, em Laennec, de onde a fizeram sair mais rapidamente do que lhe conviria. Foi no exato momento em que ela foi forçada a sair da cama, contra sua vontade, que sua marcha para trás começou.

Em 1923, o sr. Souques a viu na Salpêtrière. Parece que, então, a marcha para trás já se complicara por si mesma, primeiro com giros parciais, depois com giros completos. Ela foi tratada com choques elétricos sem nenhum resultado.

O sr. Lhermitte a observou, em 1924, e essa observação, que ele teve a gentileza de nos comunicar, nos serviu para verificar a história da doente, que não variou em suas linhas gerais, pelo menos desde então.

Durante todo esse período, ela se consultou com muitos médicos, dando uma extrema importância a todas as suas iniciativas.

Certa vez, empurrada por um marginal na rua, teve, em decorrência disso, um "afundamento do tórax"; mais tarde, empurrada por um policial, ficou dois dias "com o olho esquerdo aberto sem poder fechá-lo" etc.

No departamento do sr. Lhermitte, a doente andava para trás, sem girar sobre si mesma, exceto à noite, a fim de voltar para sua cama. Esse andar em giros reapareceu quando ela entrou em Sainte-Anne, *em maio* de 1927, após transtornos mentais que se manifestaram desde fevereiro de 1927: alucinações auditivas; ondas que lhe traziam reprovações sobre o uso de sua vida; "ela chegou até a mandar tampar suas chaminés para impedir que essas ondas penetrassem", "tornaram-na grávida, sem que ela o soubesse, de dois fetos mortos; era um médico que lhe enviava essas ondas", escreveu ela ao administrador dos Invalides, e ameaçava pôr fogo em sua casa.

Esse delírio alucinatório polimorfo com alucinações de audição e de sensibilidade geral atenuou-se durante sua permanência em nosso serviço.

SINTOMAS MOTORES. A doente pratica a marcha que descrevemos, marcha para trás complicada por giros completos sobre si mesma. Esses giros são espaçados quando a doente tem distâncias bastante longas para percorrer. Ao contrário, ela os multiplica quando se desloca em um espaço estreito, da cadeira de exame ao leito onde é solicitada a deitar-se, por exemplo. Ela declara que esse movimento lhe é indispensável para se manter ereta e, se queremos convencê-la a andar para a frente, ela assume uma posição bizarra, a cabeça enterrada entre os dois ombros, o ombro direito mais alto que o esquerdo e chora, geme, dizendo que tudo "se afunda em seu tórax". Ela então avança dolorosamente, o pé voltado para dentro, colocando seu pé demasiado para a frente, cruzando suas pernas; depois, assim que não é mais observada, retoma sua marcha rápida com pequenos passos precipitados, na ponta dos pés, andando para trás.

Caso se insista e, pegando-a pelas mãos, se tente fazê-la andar para a frente, ela se dobra em dois, numa atitude que lembra a camptocormia, depois se deixa cair no chão ou até mesmo desfalecer; ato que é acompanhado por protestos, às vezes muito fortes, e queixas dolorosas.

Uma cuidadora nos afirmou que a tinha visto, acreditando-se estar sozinha e não observada, percorrer normalmente muitos metros de distância.

Ausência de qualquer sintoma da série cerebelar.

Não há nenhuma protrusão ou deformação da coluna vertebral. Nenhuma atrofia muscular aparente dos músculos, da nuca, das costas, dos lombos, dos membros superiores ou inferiores. Nenhuma contratura ou hipotonia segmentar nos movimentos dos membros nem da cabeça. A diminuição da força muscular em movimentos ativos, que se pode constatar nos membros superiores no ato de apertar a mão, por exemplo, é tão excessiva (acompanhada, aliás, de dores subjetivas na região interescapular) que é considerada pitiática, se não voluntária.

EXAME DOS TEGUMENTOS. Pode-se constatar, ao nível do ângulo externo da omoplata direita, uma cicatriz estrelada, irregular, do tamanho de uma moeda de dois francos, formando uma depressão aderente. Na base do hemitórax direito, na linha axilar, uma cicatriz linear levemente queloidal, medindo seis centímetros de comprimento. Ao nível da asa esquerda e do lóbulo do nariz, uma cicatriz bastante profunda. Por fim, na região fronto-parietal do couro cabeludo, quase sobre a linha mediana, há uma cicatriz linear azulada, de 3,5 centímetros de comprimento, ligeiramente aderente em profundidade.

Por fim, nota-se, nas duas regiões preparotidianas, na borda posterior dos masseteres à frente do lóbulo da orelha, duas massas endurecidas: a da direita menor e não aderente à pele sob a qual ela rola; a da esquerda mais volumosa e aderente à pele ao nível de uma pequena cicatriz estrelada, que a doente relaciona com as escarificações que lhe foram feitas em Saint-Louis, em 1921.

Um *edema local* pode ser facilmente constatado à vista e à palpação, ao nível do antebraço direito, que parece estar nitidamente aumentado de volume em relação àquele do lado oposto. Edema duro, o tecido subdérmico parece mais espesso à palpação, a pele não está modificada em sua finura, nem cianose, nem distúrbios térmicos. A mensuração, praticada ao nível do terço superior do antebraço, perfaz 28 centímetros de circunferência à direita, 24 centímetros à esquerda. Esse edema estritamente local, *que não se estende nem ao braço nem à mão*, já havia sido observado pelo sr. Souques.

SENSIBILIDADE. A doente se queixa de dores subjetivas intensas na região cervical posterior e na região interescapular. O menor toque na região, desde a última cervical até a quinta dorsal, provoca nela gritos, protestos veementes e uma resistência ao exame.

O exame de sensibilidade objetiva (tátil e térmica) não revelou nenhuma perturbação, exceto hipoestesias absolutamente caprichosas, variando a cada exame. O sr. Lhermitte havia notado: analgesia completa de todo o tegumento. A noção de posição é normal.

REFLEXOS. Os reflexos tendinosos, rotulares e aquilianos estão normais. O tríceps é fraco. O estilorradial e os pronadores cúbito e rádio são ativos.

Os reflexos cutâneos plantares: normais à direita, extremamente fracos à esquerda, normais em flexão. Os reflexos cutâneos abdominais são normais.

Os reflexos pupilares à acomodação e à distância são normais. Nenhum outro distúrbio sensorial.

EXAME DO LABIRINTO. Chegamos ao exame labiríntico.

O sr. Halphen teve a gentileza de realizar este exame. Ele constatou:

Teste de Barany: Após 35" nistagmo clássico, cuja direção varia com a posição da cabeça.

Teste rotativo: (dez voltas em 20"). A doente desfaleceu, sem que se pudesse segurá-la, gritando, e não se conseguiu mais colocá-la de pé.

Essa hiperrefletividade só é vista em *pitiáticos* (ou em certos centros cerebrais sem lesões). Além disso, ao recomeçar o teste, não se conseguiu obter reflexo nistagmático (máximo de 5 a 11" em vez de 40").

Essa dissociação entre o teste rotativo e o teste calórico não pôde ser explicada.

Após a rotação, a doente foi capaz de esboçar alguns passos para a frente.

Este teste não pôde ser repetido em razão das manifestações excessivas que suscitou por parte da doente. O mesmo ocorreu para o exame voltaico, que o sr. Baruk teve a gentileza de realizar. No entanto, apesar das dificuldades do exame, ele constatou uma reação normal (inclinação da cabeça em direção ao polo positivo a 3,5 amperes) acompanhada de sensações habituais, mas fortemente exageradas pela doente, que se deixava escorregar para o chão.

Aliás, todos os exames físicos ou tentativas terapêuticas são acompanhados de manifestações excessivas, protestos enérgicos e tentativas de escapar do exame; mesmo um simples exame do reflexo rotular leva a doente a afirmar que ele causa inchaço no joelho.

Escusado será dizer que não poderia haver uma punção lombar, o que inevitavelmente teria fornecido uma base material para novas reivindicações.

A radiografia de crânio realizada pelo sr. Morel-Kahn é negativa.

Nada pode dar uma ideia melhor do estado mental da doente do que a carta escrita por ela, em 1924, a um dos médicos que a observaram.

Sr. Doutor,

A senhorita que anda para trás apresenta seus sentimentos respeitosos e pede desculpas por não ter lhe dado notícias.

Em setembro, fui para a Bretanha (Morbihan), o ar, o sol me fizeram muito bem, mas 24 dias foram insuficientes para mim por eu ter refeito, andando para trás desde o final de junho de 1923, todos esses movimentos nervosos de bombardeios, deslocamento de ar e de impossível equilíbrio.

Abasia em uma traumatizada de guerra

Não ouso mais sair sozinha, não tenho mais forças e abaixo a cabeça, recuando. O movimento da perna direita, como antes das brutalidades recebidas na rua, o enfraquecimento da parte esquerda me faz esticar a perna esquerda bem reta; eu a cruzo avançando para trás por um instante, e um dia cheguei aos três lances da escada com o calcanhar esquerdo no ar, a ponta do pé sustentando esse andar perigoso e não tinha como liberá-lo, isso o quebraria. Caí várias vezes no fundo de carros ou dos táxis. Eu saio o mínimo possível nessas condições, mas a cabeça precisaria de muito ar.

O dr. X…, advogado na Corte de Apelação, encarregar-se-á de me defender no Tribunal das Pensões, no início do próximo mês. É muito longo e estou muito enfraquecida por esses golpes e brutalidades, movimentos que eu não teria refeito mais e quebrado internamente o pouco que me mantinha ereta. O tórax ainda mantido em um lençol, eu me inclino completamente para a frente, sem por isso andar torcido em direção ao coração e em torno da cabeça, então não tento mais, é empírico. Conforme mexo a cabeça, se eu me esqueço de ficar ereta, fico com a boca aberta além da contração.

Se eu pudesse ficar tranquila tomando ar, exceto pelo frio, esses inconvenientes que me deixaram talvez cessassem. Eu havia pedido socorro, após o deslocamento de ar, enquanto aguardava as queixas de meu pai. Para terminar, os nervos se retiram, os outros não funcionam e não há como apoiar sobre os calcanhares. Eu teria vindo, sr. Doutor, para prestar meus respeitos, assim como ao sr. Professor, mas tenho muitas dificuldades.

Receba meus bons sentimentos.

Sr. Souques — Reconheço bem a curiosa doente do sr. Trénel. Eu a observei, na Salpêtrière, em 1923, em janeiro, com meu estagiário interno, Jacques de Massary. Nessa época, ela apresentava os mesmos distúrbios de hoje: uma marcha extravagante e um edema do membro superior direito.

Ela andava ora na ponta dos pés, ora sobre suas bordas, gingando. Às vezes, ela andava para trás, girava sobre si mesma etc. Segundo ela, o andar na ponta dos pés se devia a uma dor nos calcanhares e o andar como pato a dores nas costas (onde havia cicatrizes de ferimentos). Mas fica claro que as outras atitudes do andar nada tinham de antálgicas.

Quanto ao edema do membro superior direito, ele era limitado à parte inferior do braço e do antebraço, a mão permanecendo intacta.

Ele era branco e macio. Ela o atribuía ao fato de ter sido jogada violentamente como um capacho contra a parede. O caráter segmentar singular desse edema nos fez pensar na simulação, mas não encontramos vestígios de constrição ou de compressão no membro.

Naquela época, a doente não apresentava ideias de reivindicação. O diagnóstico dado foi: *Sinistrose*.

Sr. G. Roussy — Como o sr. Souques, reconheço essa doente, que examinei longamente, em 1923, em meu serviço no hospício Paul-Brousse, com meu amigo Lhermitte. Nós a considerávamos, então, como um tipo clássico de psiconeurose de guerra, com suas manifestações grotescas e burlescas, desenvolvida sobre um fundo de debilidade mental. A doente, aliás, passeava com uma caderneta de pensionista de guerra e não escondia sua intenção de fazer aumentar o percentual de sua pensão. Propusemos então à doente hospitalizá-la para um exame prolongado de um tratamento psicoterapêutico; mas, 48 horas depois de sua entrada no serviço e antes mesmo do início do tratamento, a doente saiu do hospital sem assinar seu documento.

Este é um pequeno fato que vem confirmar a maneira de ver dos srs. Trénel e Lacan, e que enfatiza claramente o estado mental particular dessa doente, semelhante àqueles dos quais vimos tantos exemplos durante a guerra.

Loucuras simultâneas

Publicado em *Annales Médico-Psychologiques*, 1931*

APRESENTAMOS À S.M.P. dois casos de delírio a dois, cuja originalidade nos pareceu residir em sua autonomia quase completa, o que comporta uma parte de crítica recíproca.

Nisso eles diferem da doutrina clássica que insiste no contágio mental, fundamentando-se em casos nos quais se pode discernir nitidamente de um delírio indutor um delírio induzido que se esteriliza assim que é afastado do primeiro.

1º caso de "delírio a dois" — *A mãe e a filha Rob.*

A mãe (Marie-Joséphine), 70 anos.

Síndrome interpretativa com paroxismos ansiosos. Alucinações auditivas de caráter onírico e com predominância hipnagógica. Elementos visuais de tipo perceptivelmente confusional. Persistência, variável ao longo da evolução, de elementos delirantes pós-oníricos. — Reações: pede ajuda, se acusa de fatos imaginários, corrige, pede desculpas. Desordem dos atos passageiros. — Fabulações amnésicas. — Evolução ao longo de pelo menos um ano. Insônia, cuja sedação recente corresponde a uma sedação dos outros sintomas.

---

* Assinado pelos srs. Henri Claude, P. Migault e J. Lacan.

Choque emocional (morte do filho há um ano) coincidindo com o início da evolução mórbida. Possível nota endotóxica e provável intoxicação exógena.

Durante o interrogatório, a doente manifesta uma atitude afável, benevolente, isenta de qualquer nota paranoica, por vezes suavemente reticente.

Ela declara, durante as diferentes entrevistas que tivemos com ela, que:

Penetram na casa dela com uma chave falsa, vasculham, roubam-na, tiram dinheiro dela; no entanto, ela não pode afirmar isso formalmente. Trata-se, antes, de pequenos objetos sem valor. "É, por assim dizer, o prazer de pegar".

Correm rumores sobre ela na vizinhança. Certamente, há loucura nisso; para ser tão malvado, é preciso estar um tanto irritado; há nisso ciúme por sua saúde.

Os fornecedores, os vizinhos lhe dão alimentos envenenados (frequentemente ela os joga no lixo sem os ter tocado, resultando em um desperdício considerável constatado pelo interrogatório). Ela dá dois francos a mais para ter "boas comissões".

Muitas vozes lhe falam pelo ar. Afirmam que ela matou seu filho. Dizem-lhe, através da parede: "Cuidado, você tem pessoas más ao seu redor. Existem máquinas ao redor de você que dizem tudo o que acontece em sua casa."

Observam-na incessantemente com a ajuda de um jogo de espelhos, de tal modo que ela teve de cobrir o de sua chaminé.

Ela não pode fazer sua higiene "de tanto que é vista". Serras no tique-taque do despertador. Maus paladares, maus cheiros.

Fundo mental: orientada. Conservação das noções adquiridas.

Cálculo mental bastante bom. Conservação da lógica elementar.

Exame físico: leve tremor digital na entrada, taquicardia, T. A. 23-13 pelo método Pachon. Azotemia 0,27. Ausência notável de qualquer canície. Distrofia ungueal do dedo médio direito. Sem distúrbios óculo-pupilares. Reflexos tendinosos normais. Cafeísmo confirmado e talvez suplemento de vinho. Reações humorais, sangue e L. C.-R. negativos.

A filha (Marguerite-Marie), 35 anos, está empregada no Crédit Lyonnais. Psicose interpretativa atípica. Aparece como estênica, emotiva e mal-humorada. Revela, por trás de suas reticências, um autismo que torna suas queixas pouco coerentes. Admite, desde logo, as práticas bizarras de base imaginativa que são aquelas mesmas cuja revelação, admitida como certa, constitui a base das suas interpretações. A puerilidade delas as torna ridículas.

Relação parcial com um tema erotomaníaco pouco coerente.

Ela ficou mais particularmente amarga com seus colegas de escritório depois da morte de seu irmão "que nem sequer pôs uma trégua na zombaria deles".

Ilusões auditivas: discordância manifesta entre seu conteúdo e a significação alusiva que ela lhes atribui.

Vangloria-se de uma atitude sistematicamente orgulhosa e distante.

A investigação revela um mínimo de manifestações externas: em seu escritório, ela é considerada normal. Atividade intelectual autística.

Afetividade prevalente para com a mãe. Mas, em sua vida comum, revelação de bizarrices da conduta, de despotismo exercido pela filha com brutalidades episódicas.

Expressa-se em tom baixo, reticente e hostil: "Isso lhe causa bastante tristeza... Sua mãe não a vê rir há muito tempo... A persistência das zombarias colocou-a nesse estado..." etc.

Por fim, obtém-se dela um fato: um de seus colegas, c.h., brilhante orador em reuniões, parece ter-lhe inspirado uma inclinação, pelo menos uma preocupação, que a teria induzido a escrever em minúsculos pedacinhos de papel estas palavras: "c.h. casado", "c.h. não casado", "c.h. gentil", "c.h. malvado", "c.h. ogro" etc. Esses papéis devem ter caído nas mãos de algum empregado da casa, ela crê reconhecer desde então todo tipo de alusões a essas manifestações "que não condizem com a minha idade; há uma idade em que não se deveria ter pensamentos muito ingênuos". Além disso, desenhos ingênuos, uma Virgem, um Cristo brincando, uma mulher carregando uma criança sobre sua cabeça, tudo isso deve ter sido descoberto e feito rir.

Ilusões auditivas evidentes: enquanto desenhava um Cristo, estas palavras foram pronunciadas: "grande petardo". Ela se liga ao mesmo tema, sem que se possa saber por que, alusões desagradáveis a relações que ela teria tido com um ator de cinema, Marius M. "Milhares de vezes eu ouvi: 'Marius e cem mil francos', isso eu posso afirmar."

Irritabilidade manifesta diante de qualquer sorriso, mesmo benevolente.

Loucuras simultâneas

Sempre preocupada com o destino de sua mãe. Manifesta uma grande emoção com a lembrança de seu irmão falecido. Grande bibliófila, segundo os vizinhos. Teria passado dias lendo na cama. Recita versos de cor.

Pediu uma licença desde dezembro passado para, segundo ela, cuidar da mãe. Ajudada, desde então, pela beneficência da casa que a empregava e que voltaria a chamá-la eventualmente.

Ecos de uma tirania para com sua mãe e de violências verbais.

Funções intelectuais elementares conservadas, vastos cálculos bem executados, e rapidamente. Exame físico: hipotireoidismo, extremidades pequenas, altura 1,46 metro, obesidade, hipermastia, pulso 116. T. A. 20-11 pelo método Pachon. Pupilas reagem. Reflexos tendinosos normais. Simpaticotonia marcada.

Relação entre os dois delírios. A moça é filha natural não reconhecida. A mãe teria tido outros dois filhos do mesmo pai, um dos quais foi deixado sob assistência pública, e dois gêmeos natimortos. Desde a morte do filho, as duas mulheres vivem isoladas, cada uma portadora de seu delírio.

A filha aprecia exatamente os transtornos da mãe que ela explica pela "anemia cerebral". Está muito preocupada com o destino de sua mãe, não quis forçá-la a entrar em um hospício e pede para ficar no asilo com ela, caso ela tenha que ficar lá por algum tempo. Ela declara, para grande escândalo de sua mãe, ter constatado a desordem dos atos desta em diversas ocasiões.

Em contrapartida, a mãe acha ininteligíveis os aborrecimentos dos quais a filha se queixa.

O quarto, comum às duas, está em um estado de extrema sordidez, todo o orçamento delas é dedicado a ruinosas compras de alimentos.

A filha era considerada perigosa pelos mais próximos à sua volta, ao passo que a mãe — que, no entanto, nomeia seus perseguidores, os S., seus vizinhos — devia à sua atitude sorridente e graciosa o gozar da boa vontade geral.

2º caso — *A mãe e a filha Gol*.

A mãe, Jeanne G., 67 anos, não internada.

Típico delírio de interpretação, evoluindo por pelo menos quinze anos. Demonstrações na rua com períodos de recrudescimento, anunciadas por algumas manifestações de valor significativo. Invasão de domicílio. Ideias de envenenamento. Traições dos que a cercam, até mesmo amigáveis. Todas as manifestações hostis com frequência marcadas por um caráter muito mais demonstrativo do que eficaz.

Extensão da síndrome, impondo a ideia de uma notoriedade ilimitada do sujeito. Reações: migrações domiciliares para fugir de um inimigo que não se desvia; interpretações significativas de palavras banais.

Ilusões auditivas.

Gás.

Correntes elétricas. Desconfortos expressados tomando de empréstimo os vocabulários de eletricidade, bobinagem etc.

Reações: calafeta sua casa, reforça as portas, usa roupas com vastos bolsos onde ela carrega todos os seus suprimentos alimentares, cimenta os furos e os ângulos, estica cordas ("alguém pensaria estar em um submarino"). Há, nesses cômodos, alguns cantos particularmente perigosos.

Sordidez, desperdício.

Fundo mental não diminuído. E muito mais: crítica externa conservada: "O que você quer que eu vá protestar, não tenho provas, diriam 'Ela é tão louca quanto sua filha que está em Ste-Anne'." De fato, nenhuma reação de protesto.

Essa mulher, que está em liberdade, expressa-se num tom muito moderado, é pontual no encontro marcado para falar de sua filha, há alguns anos a faz viver de seu trabalho, parece ser pontual em seu trabalho.

Exprime-se assim:

"A rua é muito hostil para nós, muita gente conhece a nossa história, uma grande parte do clero, em particular, cujos inimigos são muito provavelmente a causa de muitos dos nossos aborrecimentos."

"Nós, os Gol., somos muito conhecidos em Paris, conhecidos tal como o presidente da República."

É sobretudo na classe operária que seus perseguidores são recrutados: outro dia, um estivador disse, olhando em sua direção: "Aí, olha o durão chegando". Ao que seu camarada respondeu: "Negócio sujo, é claro." "Negócio sujo", retomou o outro, "deveríamos ter pensado que teríamos de lidar com caras tão durões?".

A perseguição nas ruas varia em intensidade e em modo.

Por um momento, elas não podiam sair sem que alguém cuspisse em seu caminho, "sem serem cobertas de cuspe", sem serem insultadas "ordinária, puta", sem serem ameaçadas (estouros de pneus, exibição de cordas, carros pretos e fechados), sem serem ridicularizadas de todas as maneiras.

Quanto à sua casa, penetram nela incessantemente. Quando entram na casa dela "eles fazem uma marca para mostrar que entraram". "Eles paravam o despertador para mostrar a que horas haviam chegado." "No início, eram os vizinhos, os W., de acordo com o material telefônico, que faziam essas incursões."

Ela frequentemente encontrou pequenos sinais nas provisões provando que haviam introduzido veneno nelas.

Ela recebeu correntes elétricas muito dolorosas, sobretudo nas partes genitais. Ela sentiu uma sensação tal que só pode ser assim se você for eletrocutado. Todos esses mal-estares foram reforçados em 1920: nas oficinas, eram sempre colocadas ao lado de uma porta onde essas correntes eram tão fortes que os trabalhadores fugiam delas. As patroas traem, por meio de suas palavras, que vigiam para que seja assim.

Asfixia, desconfortos tais que uma noite, em 1925, elas tiveram que passar a noite, ela e sua filha, fora de casa. Interpretações olfativas: perfumes etc.

No início (1917), todos os fornecedores se uniram para envená-la, ela tinha que comprar seus produtos de farmácia em um local distante dos arredores. Atualmente, eles estão cansados.

Exame neurológico negativo.

T. A. 25-13.

Loucuras simultâneas

A filha, Blanche, 44 anos.

Delírio paranoico.

Construção extremamente vasta, que é uma segunda realidade: no "outro dia", diz ela, em que brilha um outro sol, um dia em que ela entra quando está em sono profundo e cuja existência e acontecimentos lhe são revelados por intuição.

Essas concepções formam um sistema coerente, constante, de um interrogatório a outro. Elas incidem:

Em seu próprio corpo. Ela é o quadricéfalo de olho verde. O que a colocou no caminho é que seu sangue é perfumado. Sua pele, em altas temperaturas, se metaliza e endurece; ela está, então, como uma pérola e dá origem a joias. Suas partes genitais são únicas, pois há um pistilo, é como uma flor. Seu cérebro é quatro vezes mais forte que os outros, seus ovários são os mais resistentes. Ela é a única mulher no mundo que não precisa fazer sua higiene.

Sobre a natureza dos sexos. "Um homem, quando ele faz sua higiene, torna-se uma dama." Todas as senhoras, exceto ela, precisam fazê-la, senão elas são homens.

Para ela não há nada demais na sua pessoa, "não há nada a ser retirado". "Não há nada a cortar em mim, não há cebolas para cortar. Em mim, tudo é natural. Não tenho nenhum desejo mau? Eu sou uma dama."

Ela é um ser único e sem equivalente no mundo, que se caracteriza:

Por suas sucessivas ressurreições: quando ela morre, ela é reduzida a cinzas e renasce delas, como o testemunha o que aconteceu em 1885, e o seu retorno à vida, em 1887, segundo documentos que se encontram na prefeitura: o corpinho que foi então retirado do seu corpo passou por todos os tipos de testes, "uma experiência quadricéfala para ver se ele era forte o bastante".

Por sua fecundidade: ela é mãe de todas as crianças que nasceram desde 1927: "os quadricéfalos".

Ela sente seus movimentos em seu ventre e em suas costas, ela os gesta por 27 e trinta meses para que seus órgãos fiquem mais fortes.

"O que é uma mãe?" — "Uma senhora que fez sua higiene e em quem a prefeitura instalou uma criança que foi tirada de meu corpo."

Eles são retirados dela no segundo dia, dia em que reina o regulamento "quadricéfalo". Isso pode ser feito graças ao seu diafragma reforçado. O seu internamento aqui acarretará uma baixa da natalidade, pois doravante ela recusa-se a criar; porém, dada a duração das suas gestações, isso não será percebido de imediato.

Por sua virgindade: se, no outro dia, ela pôde ser violentada até doze vezes durante a noite pelo Criador, sob a forma de duas serpentes entrelaçadas, nesse dia, contudo, ela acorda virgem, ela permanece virgem. Tudo isso "desde que o mundo existe". Ela é a única mãe e a virgem eterna.

Por sua correspondência com um outro ser único que é o Criador. Seu poder se alterna misticamente: Como ela criaria sem ele, como ele criaria sem ela? Além disso, se ela o designa como "Ele", nem por isso ele deixa de ser "mais dama que todas as damas": "Ele é o quadricéfalo com olho negro, sua pele é de marfim etc." Eles são dois seres únicos, seus sangues nunca se misturam.

Por sua soberania, sua infinitude, sua universalidade.

Evolução: segundo suas palavras, em 1920 ela e a mãe passaram por duras provas, correntes elétricas que serviram para fortalecer seus órgãos, assim como "os batimentos do coração, a tensão das dores de cabeça, o nervosismo e o 'golpe brutal' [*coup de lapin*] que queriam lhe dar com os alimentos envenenados". Mas tudo isso parou completamente em 1925 e começou "a bobinagem", que foi o meio pelo qual lhe revelaram tudo o que ela é, "foi a bobina que me disse, no tique-taque do meu pêndulo" etc.

Reações: a doente admite práticas estranhas, faz um caldo com o sangue de sua menstruação, "todos os dias bebo um pouco, é um alimento fortificante"; ela chegou no serviço com frascos herméticos, um deles contendo matéria fecal, o outro contendo urina, e embrulhados em tecidos bizarramente bordados.

Ela está claramente decidida a não trabalhar mais: "já me zoaram o suficiente, me devem pelo menos uma pensão alimentícia". "Mesmo que eles recusem, eles sempre vão resolver isso em surdina com minha mãe."

No entanto, muito regularmente, ela ajuda sua mãe nas tarefas domésticas, prepara as refeições etc. Todas essas declarações são enunciadas com um sorriso beato, um tom cheio de certeza, uma satisfação complacente, a resposta é fácil, viva, por vezes cáustica: sobre sua virgindade, "se eu não tenho um olho nesse lugar, eu tenho um dedo para ver ali". "Ah! não, o truque dos nove meses, isso não funciona comigo" etc. As palavras "poder", "propriedade", "regulamento" retornam sem cessar etc.

Fundo mental: integridade da lógica elementar, conservação das noções adquiridas, orientação, informações precisas dos eventos recentes.

Exame físico: adiposidade, taxa metabólica basal diminuída, sem sinais neurológicos.

Relações entre as duas delirantes. A filha, única filha de sua mãe, é, como no caso precedente, uma filha natural não legitimada. Mais ainda do que no caso anterior, o isolamento social é manifesto; ele dura desde a infância. A mãe parece ter sido a primeira a delirar. Mas, rapidamente, a filha a seguiu em suas interpretações. Elas se puseram de acordo na expressão de sua cenestopatia, suas angústias, seus pânicos, na organização de seu sistema de defesa. Como diz a mãe: "Minha filha era, naquela época, uma pessoa normal".

No entanto, a partir desse momento, a mãe observa que era muito estranho ouvi-la queixar-se de que seus pensamentos lhe eram roubados. De sua parte, ela não sentia nada semelhante: só reconhecia nas conversas alusões ao seu pensamento.

Agora ela se sente oprimida ao ver sua filha delirando: "Ela tem a loucura das grandezas". Mas não se atreve a contradizê-la muito porque a teme.

Esta, aliás, repreende-a duramente: "É irritante, ela persiste em acreditar que sou a sua menininha, em me tomar por uma pessoa como as cem mil que há". "Mas, primeiro, não te pedem para compreender." Já lhe ocorreu bater em sua mãe.

Por outro lado, ocorre-lhes se reportarem uma à outra a ênfase de alguns de seus distúrbios: a mãe "tem correntes" quando sua filha se desloca; a filha lhe diz: "Era você que as mandava pra mim, sua velha canalha". Em suas interpretações, a mãe inclui os distúrbios do caráter de sua filha que ela acredita ver acentuados nos feriados religiosos. A filha, encerrada em seu delírio metafísico, debocha das interpretações da mãe e declara que "não há que levar tudo isso em conta", "quanto às correntes, ela pode suportá-las, isso não a incomoda".

Uma antiga nota de ambivalência afetiva nos parece digna de ser mencionada: "Vivíamos como duas irmãs, duas irmãs, ambas sérias". A hostilidade da filha progrediu à medida que ela negava ainda mais seu parentesco com sua mãe. Ela mostrava um maneirismo nisso. Quando a mãe usava o nós, por exemplo "Vamos nos deitar", "No singular, não no plural", retorquia a filha, que acrescenta diante de nós: "Vocês nunca vão me fazer morar com minha mãe".

Em resumo, podemos destacar nesses dois casos: 1) a hereditariedade em linha direta com reforço análogo da tara psicopática; 2) um isolamento social que pode ter determinado as perturbações afetivas que vemos se manifestar; 3) uma evolução independente dos delírios com possibilidades de críticas recíprocas, que se medem pelo grau de preservação do contato com o real.

Do ponto de vista da análise e da classificação dos delírios, o da mãe, no grupo Gol., é característico pelo caráter intuitivo, imposto e pouco razoável das interpretações, que contrasta com o sentimento que ela tem da dificuldade em justificar seu sistema.

O delírio da filha é interessante por seu caráter de egocentrismo monstruoso e pela presença de intuições de retorno periódico e de recomeço (ressurreições sucessivas), frequentemente encontrados em um certo tipo de delírio paranoide.

Estrutura das psicoses paranoicas

Publicado em *La Semaine des Hôpitaux de Paris*, 1931

Histórico do grupo e objetivo deste estudo

A concepção de paranoia, que herdou a um só tempo as velhas monomanias e os fundamentos somáticos da noção de degenerescência, agrupava em si estados psicopáticos certamente muito diversos. No entanto, ela tinha a vantagem de evocar um terreno, base não psicogênica de todos esses estados. Mas os progressos da clínica, Kraepelin, os italianos, Serieux e Capgras isolaram-na sucessivamente dos estados paranoides vinculados à demência precoce, das psicoses alucinatórias crônicas e, por fim, daquelas formas mais ou menos transitórias de delírios que constituem a paranoia aguda e que devem se inserir em diversos quadros, desde os surtos delirantes polimorfos até os estados pré-demenciais, passando pela confusão mental.

Assim reduzida, a paranoia tende a ser confundida, hoje, com uma noção de caráter que, ao que parece, incita a uma dedução que se poderia tentar a partir do jogo psicológico normal.

É contra essa tendência que tentaremos agrupar, aqui, algumas reflexões.

Nós o faremos fundamentando-nos na noção puramente fenomenológica da *estrutura* dos estados delirantes. Essa noção nos parece crítica:

Em primeiro lugar, do ponto de vista nosográfico.
De fato, apreendemos ali a descontinuidade para com a psicologia normal, e a descontinuidade entre eles, desses estados que, com o professor Claude,* que novamente os reaproximou dos estados paranoides para melhor defini-lo, designamos com o nome de psicoses paranoicas.

Do ponto de vista diagnóstico.
As psicopatias, de fato, mesmo as mais limítrofes do jogo psíquico normal, não revelam no agrupamento dos seus sintomas um rigor menor do que as outras síndromes da patologia. Não se poderia analisá-las muito de perto. Pois é precisamente a atipicidade de um determinado caso que deve nos esclarecer sobre seu caráter sintomático e nos permitir detectar uma afecção neurológica grosseira, prever uma evolução demencial, transformar, assim, o prognóstico de um delírio cujo quadro nosográfico essencial é a cronicidade sem a demência.

Do ponto de vista médico-legal.
Essas estruturas aparecem como irredutíveis ou solúveis, dependendo do caso. E isso deve orientar a profilaxia social que cabe ao psiquiatra através das medidas de internação.

A partir desses três pontos de vista, sucessivamente, estudaremos três tipos de psicoses paranoicas:

- a "constituição paranoica"
- o delírio de interpretação
- os delírios passionais.

---

* Henri Claude, "Les psychoses paranoïdes". *Encéphale*, mar. 1925.

Estrutura das psicoses paranoicas

A "constituição paranoica"

As características de um delírio já se mostram aqui. Essencialmente ideativas nas antigas descrições, para os psiquiatras modernos elas encontram sua base na noção de distúrbio da afetividade. Esse último termo não parece dever se limitar à vida emocional ou passional. E só a noção de "reação a situações vitais",* recente em biologia e rapidamente apreendida pela psiquiatria, nos parece abrangente o bastante para dar conta dessa marca evolutiva total na pessoa que o uso feito desse termo lhe atribui a cada dia.

Seja como for, a constituição paranoica é certamente caracterizada:

- pelas atitudes fundamentais do sujeito em relação ao mundo exterior;
- por blocos ideicos cujos desvios específicos puderam dar a alguns autores a ideia de uma espécie de neoplasia ou de disgenesia intelectual — fórmula que tem seu valor clínico por refletir claramente o matiz de temperamento paranoico;
- finalmente, por reações do meio social que não lhe dão uma imagem menos fiel.

Descrevemos quatro noções fundamentais, que retomaremos.

---

* Essa noção, introduzida em biologia por Von Uexküll, foi utilizada depois por muitos autores. Citemos, para a psiquiatria, Kretschmer; nos Estados Unidos, A. Myers.

I. *Superestimação patológica de si mesmo.*
Trata-se de um desequilíbrio nas relações de valor mais ou menos implicitamente estabelecidas em cada momento da vida de qualquer sujeito, entre o eu [*moi*] e o mundo. E de um desequilíbrio unilateral e constante no sentido da satisfação de si.

Suas manifestações se escalonam desde o orgulho diversamente larval até a vaidade, muito mais frequente e degenerando facilmente em cabotinismo.

Montassut parece insistir na nota de distúrbio intelectual, ao aproximar essa atitude fundamental dos desconhecimentos sistemáticos, aqui irreconhecível, da "equação sucesso/ pretensão".*

II. *Desconfiança.*
É a mesma atitude refletida nas relações de fato com o mundo.

Basal, ela é, por assim dizer, o negativo de um delírio, o molde preparado que se abre por meio da dúvida, onde se precipitarão as investidas emocionais e ansiosas, onde as intuições, as interpretações se cristalizarão, onde o delírio se enrijecerá.

III. *Falsidade de julgamento.*
Esse caráter pré-formado, primário, da personalidade, inclinará todos os julgamentos para um *sistema*. Ele próprio é, para dizer a verdade, uma forma não evoluída de detenção do julgamento.

---

* O sr. Lévy-Valensi, em contrapartida, retrata essa mesma atitude orgulhosa do paranoico em relação à concepção metapsicológica extremamente vasta que o sr. Jules de Gaultier situou sob o símbolo do bovarismo.

Estrutura das psicoses paranoicas

Acrescenta-se a isso uma espécie de transbordamento, de virulência da função lógica. Divagando sem cessar em sofismas e paralogismos, esses sujeitos, para usar uma palavra feliz, professam um "amor infeliz pela lógica".

Entre esses *loucos raciocinantes* (Sérieux e Capgras), estabelece-se toda uma hierarquia, desde o débil com construções absurdas até o teórico autodidata ou culto, que se move à vontade por entre as ideias abstratas. Esse último pode encontrar, nos limites secretos de seu horizonte mental, os elementos de um certo sucesso: uma aparência de rigor, a atração certa de concepções fundamentalmente rudimentares, a possibilidade de afirmar obstinadamente e sem variar. Ele pode se tornar, caso a sorte o coloque no bom curso dos acontecimentos, um reformador da sociedade, da sensibilidade, um "grande intelectual".

iv. *Inadaptabilidade social.*
Assim constituído, o paranoico carece de toda flexibilidade vital, de toda simpatia psicológica. Mesmo nos casos felizes em que o sucesso coroa suas tendências, ele não sabe explorá-lo para sua felicidade.

Na realidade, incapaz de se submeter a uma disciplina coletiva, e mais ainda a um espírito de grupo, o paranoico, se raramente consegue se colocar à frente, é quase sempre um *outlaw*: colegial punido e injuriado, mau soldado, rejeitado em toda parte.

A ambiguidade de sua situação moral se deve ao fato de que ele precisa desses julgamentos dos outros que ele regularmente fracassa em conquistar, ao fato de que ele tem sede de ser apreciado e qualquer apreciação o humilha.

Longe de ser um esquizoide, ele adere à realidade de maneira estreita, tão estreita que sofre dela cruelmente. Nas relações sociais, ele saberá ressaltar no mais alto grau essas virtualidades hostis, que são um de seus componentes. Nada igualará o seu talento para detectar seu mais ínfimo vestígio nem, por uma reação interpsicológica que não deve ser negligenciada, a sua inabilidade em reforçar, por sua atitude, a sua eficácia.

Como podemos ver, sob essas várias características, tocamos uma realidade única cujas manifestações diversas estão estreitamente ligadas. Trata-se, aqui, das quatro faces de um mesmo quadrado. No centro está essa *psicorrigidez* que Montassut* tão justamente ressaltou:

- *psíquica*, dada, desde a primeira abordagem, pelo contato com o sujeito *(Empfindungsdiagnose)*. Estênico, argumentativo, expansivo ou revoltado e reticente, é de fato como irredutível que ele se revela. Se o meio ambiente e os ingênuos só o aprendem às suas custas, a experiência do psiquiatra, por sua vez, não se enganará nisso;
- *motora*, claramente revelada pela atitude tão especial do personagem, a nuca rígida, o tronco movimentado por inteiro, o andar sem facilidade, a própria escrita, especial, à parte de qualquer característica delirante.

---

* Tese de Montassut. *La Constitution paranoïaque*. Paris, 1925.

Sinais acessórios.

A partir dessas premissas, certas manifestações adventícias que podem ser interessantes para a detecção desses sujeitos entram mais facilmente na *dedução psicológica normal*, na psicologia comum das relações.

Algumas delas são favoráveis, uma honestidade quase constante, um senso de honra que não se traduz apenas por excessos de suscetibilidade, ainda que favoreça o ressentimento e o que o século xviii chamava de estocada [*la pique*].

De modo geral, sua honradez não é contestada: eles têm a estima de seu zelador.

Veem-se entre eles autodidatas e é fácil conceber como o autodidatismo, em suas características mais vergonhosas, encontra ali o seu terreno eleito.

Todos os modos de compensação são familiares a esses sujeitos: a revolta mais ou menos aberta, o apelo à posteridade, as atitudes do solitário.

Não é incomum detectar neles um amor pela natureza, onde esses sujeitos encontram realmente uma livre expansão de si mesmos, uma liberação panteísta, ousaremos dizer, de um delírio mais ou menos formado.

Por fim, citaremos esse tipo de "idealistas apaixonados" retratado por Dide.

Parece-nos, porém, que devemos nos deter aquém do jogo imaginativo e das reações que o termo "bovarismo", aqui tomado em um sentido clínico, designaria na vida normal.*

---

* V. Genil-Perrin. *Les Paranoïaques*. Paris: Doin, 1926.

O delírio de interpretação

Magistralmente descrito por Serieux e Capgras, é a segunda variedade delirante que encontramos entre as síndromes paranoicas. É também um segundo grau no índice delirante por meio do qual se poderia situar os delírios em função do real. Ele é o positivo, a estátua nascida do molde constituído pelo estado de desconfiança, especificado na dúvida, da forma precedente.

Jogando com "complexos afetivos", com "resíduos empíricos", com a "lógica afetiva", Dromard (no *Journal de Psychologie*) traçou a curva que vai do caráter à convicção delirante. Ele não conseguiu preencher assim a fenda que separa as duas estruturas. Além disso, a clínica não nos mostra esses mecanismos. Ao contrário, sob a influência de alguma causa desencadeante, com frequência oculta, por vezes representada por um episódio tóxico, uma doença intercorrente, um trauma emocional, produz-se uma espécie de precipitação de elementos significativos, impregnando, de saída, uma quantidade de incidentes que o acaso oferece ao sujeito e cujo alcance para ele é repentinamente transfigurado.

É o homem que observa que certos gestos na rua assinalam que ele está sendo seguido, espionado, adivinhado, ameaçado. De acordo com a posição social, o vizinho do lado, as pessoas que ouve trocarem comentários nas janelas do pátio, a zeladora, o companheiro de escritório, o chefe ou o subordinado hierárquico desempenham um papel mais ou menos importante.

O delírio de interpretação é um delírio do corredor, da rua, do fórum.

Estrutura das psicoses paranoicas 45

Essas interpretações são *múltiplas, extensas, repetidas*. Todos os incidentes cotidianos e eventos públicos podem vir a se relacionar nelas. De acordo com a amplidão de informação do sujeito, eles de fato chegam a isso.

Seja qual for a extensão dessas interpretações, elas são centrípetas, estreitamente polarizadas sobre o sujeito.

Elas podem também ser endógenas, ou seja, fundamentadas em sensações cenestésicas — sejam essas sensações anormais de origem orgânica ou neuropática —, ou simplesmente sensações normais que a atenção recém-orientada do sujeito lhe faz parecerem novas.

O ponto essencial da estrutura delirante nos parece ser este: a interpretação é feita de uma série de "dados primários" quase intuitivos, quase obsessivos, que não ordenam primitivamente, nem por seleção, nem por agrupamento, nenhuma organização racional. Isto é, já foi dito, "um anelídeo, não um vertebrado".*

É a partir desses "dados imediatos" específicos que a faculdade dialética é forçada a entrar em jogo. Por mais propícia aos desvios lógicos que a estrutura paranoica a suponha, não é sem dificuldade que ela organiza esse delírio e parece que ela a ele se submete muito mais do que o constrói. Na maioria das vezes, ela é levada a uma construção cuja complicação chega a uma espécie de absurdo, tanto por sua extensão quanto por suas deficiências lógicas. Seu caráter impossível de sustentar é por vezes sentido pelo sujeito, apesar de sua

---

* Essa imagem foi tomada de empréstimo do ensino oral de nosso mestre sr. G. de Clérambault, ao qual devemos tanto em matéria e em método que precisaríamos, para não nos arriscarmos a sermos plagiários, prestar-lhe homenagem por cada um de nossos termos.

convicção pessoal de que não pode se desvincular dos fatos elementares.

Coisa singular, de fato, da qual o sujeito nem cogita precaver-se, essas ameaças que se tornam a própria trama da vida do sujeito têm um caráter *puramente demonstrativo*, elas não passam ao ato. Por mais graves que sejam, elas são de uma notável ineficiência. Por outro lado, se a extensão dos meios empregados, seu caráter quase ubiquista, impõe ao doente a ideia de que uma coletividade como a polícia, os franco-maçons ou os jesuítas é seu instrumento, ele, no entanto, não hesita em relacionar a conduta, assim como a provocação de seus males, a uma personalidade exígua, muito próxima e que ele conhece muito bem.

Além disso, é preciso sublinhar que, apesar da insistência, do caráter insuportável, da crueldade dessas perseguições, a reação do doente muitas vezes tarda, permanecendo nula por muito tempo. Do mesmo modo, não se deve ter pressa em falar de convicção, em um sentido muito rigoroso, nem tampouco reforçar suas bases com interrogatório inábil. Parece tratar-se, muitas vezes, de uma espécie de *construção justificadora*, de um mínimo de racionalização sem o qual o doente não poderia expor suas certezas primárias. A estrutura lógica disso será, claro, proporcional à validade intelectual, à cultura do doente. Essa é a base interpretativa que o exame deve desnudar e que fundamentará o diagnóstico.

Resumamos suas características:

- Extensão circular, em rede, das interpretações;
- Complexidade e caráter difuso do delírio;
- Emoção e reatividade relativamente desproporcionais tendendo para o mínimo;

Estrutura das psicoses paranoicas

- Cronicidade: o delírio é enriquecido na própria medida do material que sua experiência cotidiana traz ao doente. Inversamente, o caráter reduzido e entorpecido que ele assume na maioria das vezes após a permanência no ambiente asilar decorre, além de uma possível diminuição intelectual, do próprio esgotamento desses elementos basais.

Os delírios passionais

Muito diferentes dos anteriores e situados num registro diferente deles, esses delírios devem ao estado de *estenia maníaca*, que lhes é subjacente, terem sido aproximados por de Clérambault a esse estado emocional crônico com o qual se quis definir a paixão. É por meio de sua segunda característica, constante, *a ideia prevalente*, que eles entram no quadro etimológico da paranoia e encontram seu lugar em nosso estudo das estruturas delirantes.

Frequentes em sujeitos impulsivos, degenerados, amorais ou perversos, carregados de diversas taras psicopáticas pessoais ou hereditárias, esses delírios aparecem episodicamente em um terreno de constituição paranoica.

De Clérambault distingue três de suas formas:

- o delírio de reivindicação, que Serieux e Capgras já haviam isolado do delírio de interpretação;
- a erotomania;
- o delírio de ciúme.

Eles só apresentam semelhanças muito grosseiras com os delírios de interpretação, mesmo com aqueles em que prevaleceriam as reações processuais, o conteúdo ciumento.

A análise deles mostra, de fato, em sua base, em vez de interpretações difusas, um acontecimento inicial portador de uma carga emocional desproporcional.

A partir desse acontecimento, desenvolve-se um delírio que certamente aumenta e pode ser alimentado por interpretações, mas somente no ângulo aberto pelo acontecimento inicial: delírio em *setor*, pode-se dizer, e não em rede. Assim selecionados em sua origem, os elementos do delírio são ainda agrupados de maneira concêntrica, eles se organizam como os argumentos de um bom arrazoado, apresentam uma virulência que não conhece nenhum abrandamento.

Eles são sustentados por um *estado estênico* eminentemente próprio à passagem ao ato.

Essa passagem ao ato, ao ser formulada, assume o caráter de um impulso obsedante, que tem essa particularidade demonstrada por H. Claude: a de estar meio integrada à personalidade sob a forma da ideia prevalente.

Tal como nos demais impulsos-obsessões, o ato alivia o sujeito da pressão da ideia parasitária. Desse modo, após numerosas hesitações, a realização do ato põe fim ao delírio, do qual se revela claramente a base da *impulsividade degenerativa*.

Assim se apresentam esses querelantes, verdadeiramente incansáveis, que fazem intermináveis processos, vão de apelação em apelação; que, não podendo atacar eficazmente o próprio juiz, atacam os expertos comprometidos em suas

Estrutura das psicoses paranoicas

questões. Eles sobrecarregam as autoridades e o público com memoriais, fazem, se necessário, algum gesto simbólico destinado a chamar a atenção das autoridades sobre eles.

Se esses sujeitos são, ademais, paranoicos, eles encontram nas próprias falhas de sua lógica quebrada, por meio de exercícios puramente formais, recursos incríveis para descobrir os desvios e trapaças que lhes são oferecidos pelo labirinto judiciário.

No limite desses delírios, encontram-se os assassinos políticos, magnicidas, que lutam durante anos com seu projeto assassino antes de resolverem realizá-lo.*

É também o assassino de médicos de tipo reivindicador hipocondríaco.

É pelas mesmas características essenciais que o ciúme do ciumento será definido como delírio, ainda que os fatos o legitimem.

Nunca, em todos esses casos, a interpretação será forçada. Não a vemos situar-se no pequeno fato, ele próprio transformado quanto à sua significação, mas quando muito em um fato tomado em sentido exemplar: da injustiça geral que faz lei ou, ao contrário, da justiça devolvida a todos menos ao sujeito, do relaxamento geral dos costumes etc. Do mesmo modo, no hipocondríaco, agressor do médico, não será o mal-estar cenestopático que se atribuirá à influência mais ou menos misteriosa do médico, como faria o intérprete, mas sim

---

* Lévy-Valensi. *Rapport au Congrès de Médecine légale*. Paris, 1931.

ao fato de não o ter curado, pelo qual será preciso que ele o castigue duramente.

No entanto, a perturbação paranoica no sentido etimológico é sentida na própria ordenação do delírio, e isso não apenas em suas reações que, desproporcionais ao prejuízo que as motivam, justificam no mais alto grau o termo delírio de atos e de sentimentos, mas também na própria organização ideica dos delírios.

Isso foi admiravelmente evidenciado por De Clérambault para o segundo delírio do grupo: a erotomania.

Delírio erotomaníaco de Clerambault.
Essa organização ideacional "paradoxal", que traduz a hipertrofia patológica de um estado passional crônico, passa por três fases:

- de euforia;
- de despeito;
- de rancor.

Ela é assentada sobre um certo número de "postulados":

- o objeto escolhido sendo quase sempre, de alguma forma, socialmente superior ao sujeito, a iniciativa vem do objeto;
- o próprio sucesso do amor é indispensável à perfeição do objeto;
- o objeto é livre para realizar esse amor, não valendo mais seus engajamentos anteriores;
- uma simpatia universal está ligada às peripécias e aos sucessos desse amor.

Estrutura das psicoses paranoicas 51

Esses postulados se desenvolvem à prova dos fatos em concepções sobre a *conduta paradoxal do objeto*, que é sempre explicada, seja pela indignidade ou pela inabilidade do sujeito, que aqui não é senão uma simulação de sua convicção, seja por alguma outra causa tal como a timidez, dúvida do objeto, influência externa exercida sobre ele, gosto de impor testes ao sujeito.

Essas concepções *primárias* organizam todo o delírio e serão encontradas em todos os seus desenvolvimentos. O que eles podem ter de difuso e complicado diz respeito apenas às explicações secundárias relativas aos obstáculos erguidos no caminho que une o sujeito ao objeto. Por trás desse pano de fundo, encontrar-se-á a solidez dos postulados fundamentais, e mesmo nas fases posteriores de ressentimento e de rancor a tríade persistirá:

- Orgulho;
- Desejo;
- *Esperança*.

Para colocá-los em evidência, é preciso muito menos questionar do que manejar o sujeito. Faremos então brotar a esperança sempre persistente, o desejo muito menos platônico do que o pretenderam os autores antigos, a busca inextinguível.

Prognóstico e diagnóstico

O grupo das psicoses paranoicas é definido por sua *integridade intelectual*, para além dos distúrbios estruturais específicos do delírio. Tudo o que os testes podem revelar sobre a atenção e a memória, os testes necessariamente grosseiros incidindo sobre o julgamento e as funções lógicas mostram-se normais nesses sujeitos.

Já a evolução, por outro lado, é *crônica sem demência*.

O delírio é *irredutível* na estrutura paranoica e no delírio de interpretação, e reaparecerá fora do asilo apesar das melhorias, todas superficiais e, aliás, na maioria das vezes, à base de dissimulação que ele possa apresentar.

Ao contrário, ele parece *solúvel*, mas da forma mais temível, nos delírios passionais que o ato criminoso extingue e apazigua. Isso geralmente é verdade, apesar dos poucos casos de delírio erotomaníaco, recorrentes em um segundo objeto, que foram citados no último congresso de medicina legal.

Vemos a importância de um diagnóstico preciso. Ele será embasado pelos sinais positivos que descrevemos.

Com muita frequência, o delirante, antes de chegar aos atos criminosos, o terá ele próprio assinalado às autoridades por meio de uma série de queixas, de escritos, de cartas ameaçadoras.

A medida da internação é então muito delicada de tomar e deve basear-se essencialmente na noção de delírio.

Os escritos são documentos muito preciosos. Eles devem ser coletados cuidadosamente, obtidos desde o momento da entrada no asilo, momento em que o paciente está em uma exaltação estênica favorável e quando ele ainda não se pôs reticente sob a influência de seu novo ambiente.

Uns e outros desses doentes são muito abundantes em escritos. Os dos intérpretes serão os menos ricos em particularidades caligráficas, diferença de tamanho das letras, palavras

Estrutura das psicoses paranoicas

sublinhadas, disposição dos parágrafos, que, ao contrário, abundarão nos escritos dos passionais.*

A investigação social deverá ser cuidadosamente prosseguida.

Não temos por que nos deter aqui sobre o diagnóstico com os grandes grupos vizinhos, os da *psicose paranoide*, por um lado, sobre o qual Henri Ey se estende aqui mesmo, e, por outro, o das *síndromes de ação externa*.

Notamos o *contato afetivo* muito especial desses sujeitos psicorrígidos. De Clérambault observou muito bem sua oposição à expansão agradecida do alucinado crônico que pode, enfim, explicar seu caso.

Procuraremos, segundo um método estrito, os fenômenos típicos do automatismo mental: eco dos atos, do pensamento, da leitura, fenômenos negativos etc.

Também não podemos insistir no diagnóstico das *parafrenias* vizinhas e do *delírio de imaginação* que, relacionados ao nosso grupo pela ausência de distúrbio da lógica elementar, apresentam características diferentes:

- mais descentrado, mais romântico, com uma certa unidade de ordem estética no delírio da imaginação puro;
- marcado por temas de filiação fantástica, de retorno periódico, de repetição dos mesmos acontecimentos, em certas parafrenias;

---

* Tese de S. Eliascheff. Paris, 1928.

- por fim, tomam, em outros casos, um aspecto de egocentrismo monstruoso, de absorção do mundo no *eu* [*moi*], que lhes confere um aspecto quase metafísico.

Isso implicaria revisar toda a classificação dos delírios.

O que queremos enfatizar é o caráter rigoroso desses tipos delirantes.

Qualquer alteração do tipo de delírio de interpretação deve nos fazer pensar nos estados interpretativos agudos,* que podem ser sintomáticos de uma confusão mental, de um começo de P. G., de um alcoolismo subagudo, de uma psicose alucinatória crônica, de uma involução pré-senil, de uma melancolia (com seu delírio de autoacusação tão diferente, centrífugo, resignado, voltado para o passado), de um acesso delirante dito dos degenerados, enfim, de uma demência paranoica em evolução, cada um desses estados tendo um alcance prognóstico e terapêutico completamente diferente.

Da mesma forma, em um delírio passional, uma erotomania, qualquer discordância na estrutura afetiva, qualquer flexão das reações estênicas deve fazer pensar em um delírio sintomático de uma demência precoce, de um tumor cerebral, de uma sífilis em evolução.

---

* R. Valence. *Contribution à l'étude des états interprétatifs*. Paris, 1927.

Reações médico-legais e internação

Dentre as mais frequentes, essas reações apresentam os problemas mais difíceis para o alienista; elas estão na base da inadaptabilidade social e da falsidade de julgamento.

Revolta crônica para com o regimento. São revoltados inflexíveis desse tipo que se fazem enviar aos batalhões da África, depois de terem esgotado todas as sanções disciplinares.

O *escândalo* é o feito desses sujeitos, o gesto simbólico do anarquista, o complô contra a segurança do Estado, aliás fadado ao fracasso pelo desequilíbrio de suas concepções.

Geralmente honesto nos contratos, o paranoico, se é levado ao furto, ele o é por um altruísmo que não é senão uma forma larval da hipertrofia de seu *eu* [*moi*], ou então pela aplicação pensante de suas teorias sociais.

Propagandista, ele se pavoneia até mesmo no tribunal, onde cogita mais no efeito a ser produzido do que em seu destino; como tal, ele pode ser um exemplo eminentemente contagioso.

A *reação assassina* é o caso que se apresenta com mais frequência e centra todo o problema que se oferece ao alienista.

Ela decorre tanto do próprio campo como dos assassinos justiceiros vigilantes, assassinos políticos ou místicos que, durante anos, meditam friamente sobre seu golpe e, uma vez que este se consuma, deixam-se prender sem resistência, declarando-se satisfeitos por terem feito justiça.

O delírio de interpretação constituída entra mais frequentemente em jogo. É uma reação dirigida a um ponto qualquer da rede que abarca a vida do sujeito. Ela é, de fato, uma questão eminentemente perigosa. Às vezes, trata-se apenas de violências, gestos de advertência aos perseguidores.

Por fim, o delírio passional é inteiramente orientado para o ato e passa a ele de maneira eficaz. Este é frequentemente determinado por um paroxismo emocional e ansioso. Assinalemos o crime familiar da sogra assassina etc.

A reação *suicida* é encontrada no interpretativo.

Assinalemos ainda, nele, as *fugas* particulares, inspiradas por essa curiosidade que, às vezes, dá ao seu delírio um tom tão especial: até onde eles vão me perseguir?

Antes de chegar a essas reações, o paranoico se destaca através das queixas ao comissariado, das cartas ao Ministério Público, das ameaças aos particulares que permitem o seu rastreio, mas apresentam problemas muito difíceis à intervenção médica e policial.

São esses delirantes e esses paranoicos que constituem a maioria desses casos de "internação compulsória" e que agitam a opinião pública. Eles podem sobressair como agitadores.

A integridade intelectual e a relativa adaptação desses sujeitos, a redução de seus distúrbios no asilo, difíceis de distinguir de suas reticências eruditas, apresentam os mais delicados problemas.

Os seguintes princípios podem ser admitidos:

Todo paranoico *delirante* deve ser internado.

No asilo, seus protestos devem ser comunicados, sem exceção e regularmente, às autoridades administrativas competentes. Em contrapartida, ele deve ser afastado tanto quanto possível de qualquer pessoa incapaz de julgar sensatamente o estado psicológico do sujeito.

Quando na presença de atos *delituosos*, o experto deve levar em conta o fato de que se trata de sujeitos muito mais difíceis de intimidar do que os outros. A responsabilidade atenuada parece, portanto, ser a pior opção.

Ou então devemos deixar a Justiça seguir seu curso, ou decretar a internação, deixando ao doente a possibilidade de recorrer ao tribunal.

Da mesma forma, na presença de jovens *rebeldes* ao serviço militar, há interesse, diante do fracasso evidente da escala crescente das penas disciplinares, de encaminhar esses doentes o mais rápido possível para a Justiça militar, que, por sua vez, pode encaminhá-lo para o psiquiatra.

Atualmente, em relação a esses sujeitos, falta um meio adaptado de preservação social.

Gênese e profilaxia das psicoses paranoicas

O termo "constituição paranoica" se justifica pela fixação precoce de uma estrutura. Essa fixação, que aparece clinicamente desde os anos da segunda infância até a puberdade, pode se manifestar plenamente desde os sete anos de idade e, por vezes, não se revelar senão depois dos vinte anos.

É aos primeiros anos de idade, e muito especialmente no estágio primário, dito narcísico ou oral, da afetividade, que os psicanalistas fazem remontar suas causas determinantes.

A influência exercida pelo ambiente familiar por ocasião do despertar das primeiras noções de raciocínio não pareceu menos importante aos observadores atentos.

E, no que concerne à escola americana (Allen), a investigação social cuidadosa sempre revelaria, *no lar*, alguma anomalia nas relações da criança observada com seu entorno: influência de uma madrasta ou de um padrasto, humilhações ou simples predominância de um irmão ou de uma irmã, preferências afetivas magoantes, sanções inábeis.

O tipo emocional do sujeito, particularmente aquele bem isolado do *emotivo inibido*, que se assenta sobre bases neurovegetativas, seria especialmente favorável à eclosão dessa constituição.

Assinalou-se, entre os paranoicos internados (2% dos doentes — e sobretudo homens, de acordo com Kraepelin), uma hereditariedade neuropática bastante pesada, 70%. A dificuldade de fazer uma estatística de conjunto sobre os paranoicos nos incita a sermos reservados. Notemos, aqui, nesses estados, a ausência dos sinais somáticos clássicos ditos de degenerescência.

Quanto ao delírio de interpretação, a quais causas desencadeantes podemos atribuir seu aparecimento em um terreno predisposto? Por vezes, como dissemos, podemos identificar um episódio tóxico endógeno ou exógeno, um processo ansioso, um ataque infeccioso, um trauma emocional.

É na direção do estudo do onirismo e dos estados oniroides, bem como dos *resquícios pós-oníricos* das intoxicações agudas, que se deveria buscar, ao que nos parece, as bases de um mecanismo coerente das eclosões delirantes.

Quanto ao valor do próprio delírio, representaria ele uma daquelas funções inferiores do psiquismo reveladas pela liberação do controle e das inibições superiores, concepção cujo esquema, emprestado da neurologia, é tentador pela simplicidade? Podemos mesmo compará-lo a certas formas do *pensamento primitivo*, segundo as concepções filogenéticas de Tanzi e dos italianos? Esse é um domínio em que não há nada para testar a hipótese.

Os delírios passionais, ao contrário, aparecem, é certo, em um terreno de *hereditariedade neuropática*. Estão ligados aos quadros de impulsividade mórbida e à concepção mais ou menos renovada da degenerescência. Os *estigmas* somáticos aí são, ao que parece, muito mais frequentes.

A dificuldade da terapêutica é bastante enfatizada pelo caráter essencialmente crônico que faz corpo com a própria descrição desses delírios.

Os técnicos do inconsciente confessam, no limite da paranoia, sua impotência para, senão explicar, pelo menos curar [*guérir*].

Parece, segundo os estudos recentes dos americanos, que uma *profilaxia* útil poderia, com proveito, ser exercida *na infância* por educadores esclarecidos.

Escritos "inspirados": Esquizografia

Publicado em *Annales Médico-Psychologiques*, 1931[*]

SOB O TÍTULO DE ESQUIZOFASIA, alguns autores[**] enfatizaram o alto valor que se atribui a algumas formas de linguagem mais ou menos incoerentes, não apenas como sintomas de alguns distúrbios profundos do pensamento, mas também como reveladoras de seu estágio evolutivo e de seu mecanismo íntimo. Em alguns casos, esses distúrbios só se manifestam na linguagem escrita. Tentaremos somente mostrar que material esses escritos oferecem para um estudo preciso dos mecanismos psicopatológicos. E isso a propósito de um caso que nos pareceu original.

Trata-se de uma doente, Marcelle C., 34 anos de idade, professora primária, internada há um ano na clínica psiquiátrica. Um ano e meio antes, ela havia sido internada pela primeira vez, mas logo saiu a pedido de seu pai, um pequeno artesão.

Numa primeira abordagem, a srta. C. nos dá a impressão de uma pessoa que goza da integridade de suas faculdades mentais. Nenhuma estranheza em sua postura. No serviço,

---

[*] Assinado por J. Lévy-Valensi, P. Migault e J. Lacan.
[**] Pfersdorff. "La Schizophasie, les catégories du langage", In: *Travaux de la clinique psychiatrique de la Faculté de Médecine de Strasbourg*, 1927. Guilhem Teulié. *La schizophasie*. A.M.P., fev.-mar. 1931.

não se observa, em nenhum momento de sua vida, um comportamento anormal.

Protestos muito fortes em relação à sua internação parecem, a princípio, evitar qualquer contato. Este, no entanto, se estabelece.

Suas proposições são então vivas, orientadas, adaptadas, às vezes divertidas. Conduzimos, pelo método dos testes, a exploração da integridade de suas funções intelectuais, que parece total quando em uma conversação continuada. Tendo os testes comuns, incidindo sobre a atenção, a lógica e a memória, se mostrado muito aquém de suas capacidades, utilizamos testes mais sutis, mais próximos dos elementos sobre os quais incide nossa apreciação cotidiana das mentes. São eles: os "testes de intenção": o sentido aparente e real de uma proposição, de um epigrama, de um texto etc. Ela sempre se mostrou suficiente, rápida e até mesmo confortável nisso.

Notemos que, por mais que avancemos em sua confidência, o contato afetivo com ela permanece incompleto. A cada instante, impõe-se uma resistência intrínseca. Aliás, a cada passo a doente professa: "Eu não quero estar submetida a ninguém. Nunca quis admitir a dominação de um homem" etc.

Quando chegamos ao ponto de fazer essa observação, a doente exteriorizou plenamente seu delírio. Ele comporta muitos temas, alguns dos quais são típicos.

Um tema de reivindicação, fundamentado em uma série de fracassos pretensamente injustificados em um exame, manifestou-se através de uma série de iniciativas prosseguidas com uma estenia passional e da provocação de escândalos que levaram à internação da doente. Pelo dano causado por essa internação, ela reivindicava "vinte milhões de indenizações, doze dos quais por privação de satisfações intelectuais e oito por privação de satisfações sexuais".

Um tema de ódio concentra-se contra uma pessoa, a srta. G., a quem ela acusa de lhe ter roubado a vaga que lhe caberia nesse exame, e de tê-la substituído na função que deveria ocupar. Esses sentimentos agressivos estendem-se a vários homens que conheceu em um período recente e pelos quais ela parece ter tido sentimentos bastante ambivalentes — sem nunca ter cedido a eles, afirma ela.

Um tema erotomaníaco para com um de seus superiores no ensino, o inspetor R., atípico por ser retrospectivo, dado que o objeto do delírio havia falecido e a paixão mórbida nunca se revelara durante a vida dele.

Um tema "idealista" é exteriorizado com não menos boa vontade. Ela tem "o senso da evolução da humanidade". Ela tem uma missão. Ela é uma nova Joana d'Arc, porém mais educada e com um nível de civilização superior. Ela foi feita para guiar os governos e regenerar os costumes. Sua questão é um "centro ligado às altas coisas internacionais e militares".

Em quais fundamentos se assenta esse delírio polimorfo? A questão, como veremos, permanece problemática e talvez os escritos nos ajudem a resolvê-la.

Durante suas duas internações, a doente foi examinada na Enfermaria Especial. Os atestados do dr. Logre e do dr. De Clérambault ressaltam o caráter paranoico "seja antigo, seja neoformado", e admitem a existência de um automatismo mental.

É difícil precisar — tanto por meio do interrogatório, devido às interpretações retrospectivas, quanto por meio da investigação, pois da família só obtivemos informações epistolares — se o caráter paranoico se manifestou na doente anteriormente.

Todavia, o simples estudo do *cursus vitae* da doente parece fazer transparecer uma vontade de distinguir-se do seu meio familiar, um isolamento voluntário de seu ambiente profissional e uma falsidade de julgamento que se traduzem nos fatos. Ela foi bem em seus estudos e não há nada a ressaltar até a sua saída da escola normal primária, aos 21 anos. Mas, de posse de um cargo, em 1917, ela pretende regular o serviço à sua maneira, já reivindica e até mesmo interpreta. Depois de alguns anos, ela pôs na cabeça querer entrar para o professorado de uma escola de comércio, exigiu, para esse fim, uma mudança de cargo, depois uma licença e, em 1924, pura e simplesmente abandonou o cargo para se preparar para o exame em Paris. Lá, ela ganhava a vida como contadora, mas acreditava ser perseguida em todos os lugares e mudou-se doze vezes em quatro anos. O comportamento sexual ao qual aludimos e o caráter muito intrínseco das rebeldias expressas pela doente vêm se somar à impressão que emerge do conjunto de sua história, para fazer admitir uma antiga anomalia evolutiva da personalidade de tipo paranoico.

Para fazer o balanço dos fenômenos elementares "impostos" ou ditos de ação externa, nos foi preciso ter muita paciência. Na verdade, não são apenas a reticência ou a confiança da doente que intervêm em sua dissimulação ou na divulgação deles. É o fato de que sua intensidade varia, que eles evoluem por surtos e que, com esses fenômenos, aparece um estado

Escritos "inspirados": Esquizografia

de estenia de forma expansiva que, por um lado, certamente lhes dá sua ressonância convincente para o sujeito; por outro, torna impossível, mesmo por motivos de defesa, a sua ocultação.

Durante sua permanência no serviço, a doente apresentou um desses surtos, a partir do qual suas confissões foram obtidas: ela, desde então, nos esclareceu sobre os fenômenos menos intensos e menos frequentes experimentados por ela nos intervalos e sobre os episódios evolutivos passados.

Os fenômenos de "ação externa" são reduzidos aos mais sutis que se apresentam na consciência mórbida. Seja qual for o momento de sua evolução, nosso sujeito sempre negou energicamente ter alguma vez ouvido "vozes"; da mesma forma, nega qualquer "captura", qualquer eco de pensamento, dos atos ou da leitura. Questionada segundo as formas sinuosas que a experiência com esses doentes nos ensina a usar, ela diz nada saber dessas "ciências garatujadas para onde os médicos tentaram arrastá-la".

Quando muito, trata-se de hiperendofasia episódica, de mentismo noturno, de alucinações psíquicas. Certa vez, a doente ouviu os nomes das flores ao mesmo tempo em que sentiu seus odores. Uma outra vez, a doente, numa espécie de visão interna, viu-se e sentiu-se, a um só tempo, acoplada numa postura bizarra com o inspetor R.

O eretismo genital é evidente. A doente pratica assiduamente a masturbação. Os devaneios a acompanham e alguns são semioníricos. É difícil separar a alucinação genital.

Em contrapartida, ela experimenta intensa e frequentemente sensações de influência. São "afinidades psíquicas", "intuições", "revelações do espírito", "sensações de direção".

"É de uma grande sutileza de inteligência", diz ela. Dessas "inspirações", ela diferencia as origens: Foch, Clemenceau, seu avô, B. V., e, sobretudo, seu ex-inspetor, o sr. R.

Por fim, cabe classificar, entre os dados impostos pela vivência patológica, as interpretações. Em determinados períodos, palavras e gestos na rua são significativos. Tudo é encenação. Os detalhes mais banais ganham um valor expressivo que diz respeito ao seu destino. Essas interpretações estão atualmente ativas, porém difusas: "Acreditei compreender que fizeram do meu caso uma questão parlamentar..., mas é tão velado, tão difuso".

Acrescentemos, aqui, algumas notas sobre o estado somático da doente. Elas são principalmente negativas. Cabe marcar: uma gripe em 1918. Um cafeinismo evidente. Uma dieta alimentar irregular. Um tremor nítido e persistente dos dedos. Uma hipertricose acentuada dos lábios. Regras normais. Todos os outros aparelhos normais. Duas lipotimias muito curtas no serviço, sem outro sinal orgânico além de uma hiperemia papilar que durou cerca de oito dias. Bacilose frequente na linhagem materna.

Passemos aos escritos, muito abundantes. Publicamos uma seleção deles e, tanto quanto possível, na íntegra. Os números ali inseridos serão utilizados, nos comentários que se seguirão, para remeter aos textos.*

---

* Sobre a sequência da numeração e a retomada das passagens nos comentários aos escritos, ver observação à p. 4. (N. E.)

Escritos "inspirados": Esquizografia 67

1. Paris, 30 de abril de 1931:

Meu querido papai, estou internada neste asilo de Sainte-Anne
há mais de quatro meses, sem ter podido fazer o esforço necessário para lhe escrever. Não é que eu tenha algo de nevrálgico ou
de tuberculoso, mas, no ano passado, você foi levado a cometer
tais bobagens aproveitando, desonestamente, de sua perfeita
ignorância quanto à minha real situação *(1)*, que sofri o jugo
da defesa *(2)* pelo mutismo. No entanto, fiquei sabendo que o
médico do meu caso, por força da lentidão, alertou você sobre a
coisa grotesca e vejo que ele, sem ter sede de avatares *(3)*, pôs as
coisas na perfeita via de melhor esclarecido *(4)* e de mais saúde
de Estado *(5)*.

Digna-se *(6)* interceptar os sons da lei para me fazer o mais *(7)*
próprio da terra, senão o mais *(7)* erudito. O sem zelo de minha
fé *(8)* faz passar Mefisto *(9)* o mais *(7)* cruel dos homens mas é
preciso ser sem moleza nas barrigas das pernas para estar o mais
pronto para a transformação. Mas é digno de inveja quem faz o
jogo do maná do circo. A gente vê que etc.

II. Paris, neste 14 de maio de 1931:

Sr. Presidente da República P. Doumer vilegiaturando nas broi-
nhas de mel e nos trovadoces,
Sr. Presidente da República invadida de zelo,

Eu gostaria de tudo saber pra fazê-lo o *(15)* mas ratô então de pol-
trão e de canhão de ensaio *(16)* mas sou lenta demais pra adivinhar *(17)*. Das maldades que se faz aos outros convém adivinhar

que meus cinco gansos de Vals *(18)* são perdizaduzir [*pouilladuire*] e que o senhor é o melão de Santa Virgem e de perdão de ensaio *(19)*. Mas tem que reduzir tudo da nomenclatura da Auvérnia pois sem lavar as mãos n'água da rocha se faz mijaduzir [*pissaduire*] na cama seca *(20)* e madelaine é sem trader [*trader*] a puta de todos aqueles recém-barbeados *(21)* pra ser o melhor de seus ourais [*oraies*] *(22)* na voz é doce e a tez fresca.

Teria gostado de maldizer a bruaca [*tougnate*] *(23)* sem fazer o prejuízo de vida plenária e de sem custos se faz a polícia judiciária *(24)*. Mas tem que espantar o mundo pra ser o patife maldito de barbanela [*barbenelle*] e de sem leito se faz a bruaca [*tougnate*] *(25)*.

Os barbas sujas são os finos eruditos do reino do emplastro juízo *(26)* mas tem que calar pra erudir *(27)* a bocó [*gnogne*] *(28)* e fazer ela escorrer seco dentro se eu acuso eu sei o que eu fiz *(29)*.

Ao londrear [*londoyer*] *(31)* sem modos [*meurs*] *(30)* banca-se a estúpida [*bécasse*] *(31)* mas o rastro do orgulho é o mais alto *Benoit* que se possa escorrer daqui longos feitos e sem rapapé. O perigo de uma nação perversa é acumular tudo nas costas de alguém e fazer do emplastro o mais magro arlequim quando ele é prejuízo a quem se quer, bondade com golpes redobrados a quem não se queria para si.

Mas concordo com o senhor quanto à palavra da glória do Senado. Curador *(32)* era de sua "foi minha mulher quem fez isso" *(33)* o mais erudito de todos mas o menos fingido [*emprunté*].

Ao lhe raspar o courato [*couane*] eu faço a alma lassa [*la mais l'as*] é boa precisamos lançá-la [*bondir*] *(34)* mas sou desse capacho que faz menina do olho pros cem que eu banquei alcachofra com esse fino bigorninha [*ce fin bigorneau*]. Mas tem passar

Escritos "inspirados": Esquizografia 69

brenat* te faz o mais cheio de comadres, de compadre se faz a pança [*le ventre*] para fazê-lo fartar-se [*suler*] de ti.

A mim por ter raspado o courato te faz a mais só mas se ele é um empadão é pra felicidade alhures e não nessas ourais [*oraies*] elas são muito baixas.

Ao desancá-lo [*éreinter*] eu faço a alma é lassa [*de l'âme est lasse*] pra sempre lhe servir *(35)* e ver galgar os escalões a quem não pode escalá-los a tempo e a hora. Pra isso é preciso ser gentil amiga do oráculo do Desejo *(36)* e se o senhor é o fogo das sextosas [*vendredettes*] *(37)* eu faço do senhor o sujo forno de rato, de rato desfalecido [*pâmé*] *(38)* e de trapo de capricho.

A torta é o cuidado que se tem com o adolescente quando ele faz seus dentes com o jarrete do outro *(39)*. Seu prejuízo [*préjudice*] é aquele que não se extingue com uma sombrinhada [*coup d'ombrelle*] *(40)*. Tem que segui-lo no ensaio quando o erudiram *(41)* e se o senhor quiser vê-lo desfalecer ir sem mais tardar na avenida Champs-Élysées em tão fulva agitação [*en si doré frisson*] *(42)* da patrulha dos melões de bravura mas de ruína pleno o jarrete *(44)*.

Saúde mestre meu pasmo [*ma pâme*] *(45)* aos seus jarretes *(46)* e minha desenvoltura a suas ourais [*oraies*] mais altas *(47)*.

Bastille Marcelle *(48)* em outras palavras Charlotte a Santa, mas sem mais marmelada faço do senhor o mais alto filhote [*fiston*] da poedeira e de seus rebanhos de amigos verdes pra me arrebatar o fruto de sentinela e não perverso. Eu sou o belo enchamos [*comblons*] de humor de sem pinhela [*pinelle*] e do Abutre, o pelotão de ensaio *(49)* e com a suja lesar pra se distinguir com todo rebaixo dos outros que querem ultrapassá-lo porque melhor a fugir do que a ficar.

---

* Brenat é uma comuna francesa situada na Auvérnia. (N. T.)

Minhas deferências voluntárias ao sr. Sua Majestade o Príncipe da Ironia francesa e se o senhor quer pegar uma pitada da corte faça o sucesso combinado de Madelaine e de sem erro banca-se o artesão pra torná-lo antiquado, carrejão.

Minha liberdade, imploro à sua honesta pessoa, valerá mais que a cotação do duce o melhor empobrecido pelo guarda-chuva de esquadrão.

Eu o honras [*honneurs*], sr. Pança verde *(50)*. Ao senhor meus sabores de petulância e de primor para honrá-lo e agradá-lo. Retroseira do Bom Deus para regá-lo de vergonha ou assombrá-lo de sucesso sólido e equilibrado. Charco alto de peixes d'águas doces.

Bedouce

III. Paris, 4 de junho de 1931:

Sr. Mericano *(51)* do pateta e do pretório,

Se há nomes bem movidos pra marcar poesia a sesta dos enroupados *(52)* oh! me digam se não é o da Calvée *(53)*. Se fiz Páscoa antes de Ramos [*Respans*] *(54)*, é que minha Escola é de lhe dar sopapos até o senhor garantir o serviço todinho. Mas se o senhor quiser bancar o melro fuinha [*le merle à fouine*] *(55)* e o tanto que a área é bela que é preciso majorá-la de fatos é que o senhor é ás *(58)* da festa e que todos temos que chorar *(56)*. Mas se o senhor quiser deste lugar aqui sem i a gente faz o negócio estranho é que combate é minha preocupação e que etc.

Escritos "inspirados": Esquizografia								71

iv. Paris, 27 de julho de 1931:

Sr. Diretor de Música da Amique *(61)* treinado de estilo para peristilizar a conta Potatos e Salafrário unidos sem delongas ao Orgulho, bretelhano.

Gosto de ver contar o fato da América aos prantos, mas há tão doces fatos que se faz longa a vida dos outros e suave a sua a ponto, que é bem cem vezes mais saciado aquele que vive do acre e do falsário e faz sua digna existência da longa epístola que ele cem vezes soou em seu bolso sem poder com este "e" fazer um belo "me amanse" *(62)* eu sou cem vezes mais frouxa do que serigaita [*pinbèche*] mas faça a fina escola e o senhor é o sol da América aos prantos.

Mas ao cindir o tarde faz-se da graduada em todas as matérias e se marinada [*matelotte*] é feito de bolsistas e de bronzes pra tudo luzir, é preciso fazer deste "ei Idiota?" *(63)* um "oi pra você pimenta, você nos torna a vida encortiçada [*suve*]* e, sem você, eu estava pendente nas colinas de St. Clément".

O destino "tu vês minha mulher", o que se faz da fonte [*sorce*] te faz o maior pintor do universo inteiro e, se você é desses que fazem: poeta encurralado não responda mais, mas poxa! ele é maduro no amuro [*amur*] do outro mundo, você fará, eu creio Jesus no outro mundo ainda, contando que se inunde o pobre com o hábito do monge que o fez *(64)*.

Meu destino é enroupá-lo se o senhor é o pateta que eu vejo que o senhor foi e se esse disparate foi o peixe de ensaio *(65)*, é que eu acreditei, caduca que o senhor era malvado *(66)*.

---

* Termo provavelmente occitano, *suve*, cortiça. (N. T.)

Sou irmão do malvado rato que te enrouquece se você faz o caminho de mãe a fuinha [*de mère la fouine*] *(67)* e de pinheiro refeito, mas, se você é sol e poeta de longos feitos, faço o Revisto, desse lugar eu sairei. Tinha botado meus cacos [*casse*] na tua idiotice [*bécasse*]. Cansada da tempestade, compro tua cova Senhor. *(67)*.

Marcelle Ch. encurralado não responde aos poetas sem fé, mas é cem vezes mais assassino do que mil patifes.

Genin

v. Em 10 de novembro, pede-se à doente para escrever uma carta curta, em estilo normal, aos médicos. Ela o faz imediatamente, em nossa presença e com sucesso. Pedimos-lhe, em seguida, para escrever um postscriptum seguindo as suas "inspirações". Aqui está o que ela nos deu:

Postscriptum inspirado.

Gostaria de sabê-los os mais inéditos na marmota do mico *(78)* mas vocês estão aterrados porque os odeio a ponto de os querer todos salvos *(79)*. Fé de Arma e de Marna para empatifá-los [*encoquiner*] e fazê-los chorar o destino de outros, o meu não *(80)*.

Marna do diabo

Por fim, essa carta, verdadeira "arte poética", na qual a doente retrata o seu estilo:

Escritos "inspirados": Esquizografia　　　73

vi. Paris, 10-12-1931:

"Este estilo que endereço às autoridades de passagem, é o estilo necessário pra bem formar o alforge de Mouléra e de sua patente de oficial pra raspar."

Ele é minha defesa de Ordem e de Direito.

Ele sustenta o bem do Direito.

Ele rigorosa a bruaca [*la tougne*] mais tola e se diz conforme aos direitos dos pintores.

Ele carangueja a cegonha [*la sougne*]* nos ourais do esplendor, para pilotá-la, como um escudeiro, na bruaca que a atravessa.

Ele é Marna e ducado de "e erro o senhor fez isso?"

Isso me é inspirado pela patente Deles na Assembleia maldita Genebra e Cia.

Eu o faço rápido e bizarro.

Ele é final, o mais ponderado, por botar bruaca onde isso deve estar.

> Bem-estar de efeito pra raspar.
> Marcel o Caranguejo

O grafismo é regular do começo ao fim da carta. Extremamente legível. De um tipo dito primário. Sem personalidade, mas não sem pretensão.

Frequentemente, o final da carta preenche a margem. Nenhuma outra originalidade de disposição. Não há sublinhados.

Nenhuma rasura. O ato de escrever, quando o presenciamos, realiza-se sem interrupção, como se sem pressa.

---

* Termo provavelmente derivado do occitano, *soigne*. (N. T.)

A doente afirma que aquilo que ela expressa lhe é imposto não de uma forma irresistível, nem mesmo rigorosa, mas sob um modo já formulado. É, no sentido forte do termo, uma inspiração.

Essa inspiração não a perturba quando escreve uma carta em estilo normal na presença do médico. Em contrapartida, ela advém e é sempre acolhida, ao menos episodicamente, quando a doente escreve sozinha. Mesmo em uma cópia dessas cartas, destinada a ser guardada, ela não descarta nenhuma modificação do texto que lhe é "inspirada".

Interrogada sobre o sentido de seus escritos, a doente responde que são muito compreensíveis. Para os escritos recentemente compostos, na maioria das vezes ela dá interpretações que esclarecem o mecanismo de sua produção. Só as levamos em conta sob o controle de uma análise objetiva. Com Pfersdorff,* atribuímos a toda interpretação dita "filológica" apenas um valor de sintoma.

Porém, mais frequentemente, no que diz respeito aos seus escritos, sobretudo quando são antigos, a atitude da doente se decompõe da seguinte forma:

a) Convicção absoluta do valor que eles têm. Essa convicção parece estar fundamentada no estado de estenia que acompanha as inspirações e acarreta, no sujeito, a convicção de que elas devem, mesmo que incompreendidas por ele mesmo, expressar verdades de ordem superior. Essa convicção parece estar atrelada à ideia de que as inspirações são especialmente destinadas àquele a quem a carta é endereçada. "Aquele ali

---

* Pfersdorff. *Contribution à l'étude des catégories du langage. L'interprétation "philologique"*, 1929.

deve compreender." É possível que o fato de defender sua causa junto a um auditor (este é sempre o objeto de seus escritos) desencadeie o estado estênico necessário.

b) Perplexidade, por parte dela, quanto ao sentido contido nesses escritos. É então que ela alega que suas inspirações lhe são inteiramente estranhas e que ela está, a respeito delas, no mesmo nível que o interrogador. Às vezes, por mais radical que essa perplexidade seja, ela deixa intacta a primeira convicção.

c) Uma declaração, justificadora e talvez até certo ponto determinante, do não conformismo. "Eu faço evoluir a língua. É preciso sacudir todas essas velhas formas."

Essa atitude da doente para com seus escritos é idêntica à estrutura de todo delírio.

a) Estenia passional fundamentando na certeza os sentimentos delirantes de ódio, de amor e de orgulho. Ela é correlativa a estados de influência, de interpretação etc.

b) Formulação mínima do delírio, tanto reivindicador quanto erotomaníaco ou reformador.

c) Fundo paranoico de superestimação de si e de falsidade de julgamento.

Essa estrutura característica do delírio nos é assim revelada de maneira exemplar.

Vejamos se a análise dos próprios textos nos esclarecerá sobre o mecanismo íntimo dos fenômenos "de inspiração".

Nossa análise incide sobre um conjunto de textos cerca de dez vezes mais extensos do que aqueles que citamos.

Para conduzir essa análise sem ideias preconcebidas, seguiremos a divisão das funções da linguagem proposta por Head com base em dados puramente clínicos* (estudo de afásicos jovens).** Essa concepção está de acordo, notavelmente, aliás, com o que os psicólogos e os filólogos obtêm por meio de suas técnicas próprias.***

Ela se fundamenta na integração orgânica de quatro funções, às quais correspondem quatro ordens de distúrbios efetivamente dissociados pela clínica: distúrbios verbais ou formais da palavra falada ou escrita; distúrbios nominais ou do sentido das palavras utilizadas, ou seja, da nomenclatura; distúrbios gramaticais ou da construção sintática; distúrbios semânticos ou da organização geral do sentido da frase.

A. Distúrbios verbais

Alteração da forma da palavra, reveladora de uma alteração do esquema motor gráfico, ou então da imagem auditiva ou visual.

À primeira vista, eles estão reduzidos ao mínimo. No entanto, encontram-se elisões silábicas *(61)* incidindo, muitas vezes — ponto digno de nota —, na primeira sílaba *(26) (32) (51)*;

---

* Henry Head. *Aphasia and Kindred Disorders of Speach*. Cambridge: Cambridge University Press, 1926.

** A aproximação com esses doentes ditos orgânicos nada tem de tão ousado que já não tenha sido feito por muitos autores. Ver a comunicação de Claude, Bourgeois e Masquin na Société Médico-Psychologique a 21 de maio de 1931.

*** Ver Henri Delacroix. *Le Langage et la pensée*. Paris: Félix Alcan, 1930.

Escritos "inspirados": Esquizografia 77

com muita frequência o esquecimento de uma partícula, na maioria das vezes de uma preposição: "para/por", "de", ou "do" [*du*] *(9)* etc. Tratar-se-ia daquelas curtas barragens ou inibições do curso do pensamento, que fazem parte dos sutis fenômenos negativos da esquizofrenia? Isso é ainda mais difícil de afirmar uma vez que a doente dá deles interpretações delirantes. Ela suprimiu este "e", ou este "de", porque ele teria feito sua iniciativa falhar. Ela alude a isso nos escritos *(62)*.

Em contrapartida, algumas fórmulas verbais são certamente dadas pelos fenômenos elementares impostos positivos, pseudoalucinatórios *(63)*; a doente com frequência especula sobre esses fenômenos.

O caráter imposto de alguns fenômenos aparece nitidamente no fato de que sua imagem é tão puramente auditiva que a doente lhe dá muitas transcrições diferentes: *la mais l'as* [a alma lassa] *(34)*, *l'âme est lasse* [a alma é lassa] *(37)*, que se escreve ainda *"la mélasse"* [a melaça; o melaço] em um poema que não citamos. Da mesma forma, *"le merle à fouine"* [o melro fuinha] *(55)*, *"la mère la fouine"* [a mãe fuinha] *(67)*. As denegações da doente, fundamentadas na diferença do sentido, não podem anular o fato, pois, ao contrário, vêm reforçar seu valor.

Podemos, desde então, nos perguntar se algumas estereotipias, que retornam insistentemente em uma mesma carta ou em várias, não têm a mesma origem: na carta I, o *"d'État"* [de Estado] *(5)*; na carta II, o *"d'essai"* [de ensaio] *(16) (19) (49) (65)* que se engancha regularmente às palavras terminadas em -on [-ão], nos moldes de *"ballon d'essai"* [balão de ensaio]; em várias cartas, a *"si doré frisson"* [tão fulva agitação] *(42) (60)*. Podemos nos perguntar ainda sobre toda uma série de estereotipias que entram no texto com um selo de absurdidade particularmente pobre, que, diríamos, "cheiram" à ruminação mental e ao delírio. Essa é uma discriminação de ordem estética que, todavia, não pode deixar de impactar a todos.

Os neologismos, no entanto, parecem, em sua maioria, de origem diferente. Apenas alguns, como *"londrer, londoyer"* [londrar, londrear] *(31)*, aparentam-se aos tipos neológicos fornecidos pela alucinação. Eles são raros. Em sua maioria, devemos situá-los junto aos distúrbios nominais.

B. Distúrbios nominais

As transformações do sentido das palavras parecem vizinhas dos processos de alteração estudados por filólogos e linguistas na evolução da língua comum. Elas são feitas, como estes, por contiguidade à ideia expressa e também por contiguidade sonora ou, mais exatamente, por parentesco musical das palavras; a falsa etimologia do tipo popular resume esses dois mecanismos: assim, a doente emprega *"mièvre"* [franzino/piegas] no sentido de *"mesquin"* [mesquinho]. Ela criou uma família com as palavras *mairie* [prefeitura/município] e *marier* [casar/matrimoniar], de onde ela extrai: *mari* [marido] e o neologismo *mairir* [municimoniar].

O sentido é também transformado de acordo com o mecanismo normal de extensão e de abstração, tais como os *jarrets* [jarretes] — *(39) (44) (46)* etc. —, frequentemente evocados, palavra à qual a doente dá seu sentido próprio, e, "por extensão" o de luta, marcha, força ativa.

Mecanismos de derivação regulares produzem os neologismos: *érudir* [erudir] *(27) (41)*; *énigmer* [enigmar]; *oraie* [oural] *(22) (47)*, formado como *roseraie* [roseiral] e muito frequentemente empregado no sentido de negócio [*affaire*] que produz ouro; *vendredettes* [sextosas] *(37)*, que designa o que se refere a um curso feito por ela às sextas-feiras etc.

Outras palavras são de origem dialetal, local ou familiar: cf. *(28)* e também *les Respans* para Domingo de Ramos [*les Rameaux*] *(54)*; a palavra *"nèche"* para dizer malvada e as palavras *tougne* [de *tougnol*, espécie de broa de milho], de onde derivam *tougnate** [bruacuda] *(23)* e *tougnate* [bruacona] *(25)*, que são insultos designando sempre sua principal inimiga, a srta. G.

Por fim, observar o uso de palavras truculentas: *les emmitiouflés* [os enroupados] *(52)*, *les encoquinés* [os empatifados] etc.

C. Distúrbios gramaticais

Pode-se observar, após o exame, que a construção sintática é quase sempre respeitada. A análise lógico-formal é sempre possível, desde que se admita a substituição de toda uma frase no lugar de um substantivo. Como no exemplo a seguir, *(56)*: "Mas se o senhor quer bancar o melro fuinha e o /tão bela é a área que é preciso majorá-la de fatos/ é porque o senhor é ás da festa e que devemos todos chorar." Os dois sinais / isolam a frase desempenhando a função de substantivo. Essa construção é muito frequente: *(15) (24) (25) (29) (33) (73)*. Às vezes,

---

* Termo occitano, provavelmente derivado de *tougnol*, espécie de broa ou pão de milho; tem também a conotação de mulher estúpida. (N. T.)

trata-se de adjetivos ou de fórmulas adjetivas empregadas de modo substantivo *(4) (8) (17) (21)*, ou simplesmente de um verbo na terceira pessoa: *"le mena"* [o levou], *"le pela"* [o pelou], *"le mène à rire"* [o leva rir].

Essa forma dá, em primeiro lugar, a ilusão de uma ruptura do pensamento; vemos, porém, que ela é exatamente o contrário, uma vez que a construção é retomada depois que a frase, por assim dizer entre parênteses, é concluída.

Em passagens bem mais raras, o vínculo sintático é destruído e os termos formam uma sequência verbal organizada pela associação assonante de tipo maníaco — *(60) (73)* — ou, por meio de uma ligação descontínua do sentido, fundamentada na última palavra de um grupo que é retomada como a primeira do grupo seguinte, procedimento relacionado a algumas brincadeiras infantis, tal como em *(20)*; ou ainda essa fórmula: "rapidez para os sucessos loucos de dor, mas pança no chão e sem honra" (carta não citada). O cansaço condiciona, em parte, essas formas, que são mais frequentes no final das cartas.

D. Distúrbios semânticos

Eles são caracterizados pela incoerência, que, a princípio, parece total. Trata-se, na realidade, de uma pseudoincoerência.

Algumas passagens mais penetráveis nos permitem reconhecer os traços característicos de um pensamento no qual predomina a afetividade.

Em primeiro lugar está, essencialmente, a ambivalência. "Eu sofri o jugo da defesa *(2)*", diz ela, para significar exata-

Escritos "inspirados": Esquizografia   81

mente o "jugo da opressão", por exemplo. Mais nitidamente ainda: "Os senhores estão aterrados porque eu os odeio a ponto de os querer todos salvos" *(79)*. Cf. também *(80)*.

Eis aqui exemplos de condensação, de aglutinação de imagens. Em uma carta não publicada: "Eu lhe seria um forte precursor", escreveu ela a seu deputado, "por me livrar desse inferno". O que quer dizer que, para expressar sua gratidão, ela o fará beneficiar-se daquelas luzes especiais que a tornam um precursor da evolução. Da mesma forma, em outro lugar: "Eu lhe seria muito honesta por querer mesmo proceder a um aprisionamento correto no ensino primário".

O deslocamento, a projeção das imagens não são menos constatados depois de se interrogar a doente. Mesmo que ela interprete (mais ou menos secundariamente, isso pouco importa) uma passagem incoerente como expressando uma calúnia que deve ter sido espalhada sobre ela, acontece de o discurso lhe atribuir, a ela mesma, a frase incriminada. O inverso se produz não menos constantemente. A noção de participação parece, aqui, apagar a de indivíduo. E essa tendência do seu pensamento poderia decorrer da experiência delirante da sensação de influência, se o uso do procedimento que apontamos não fosse nitidamente irônico e não revelasse, desse modo, o seu dinamismo afetivo.

Isso é testemunhado, ainda, pela profusão de nomes próprios em seus escritos (vários seguidos, unidos pelo sinal =, para designar o mesmo indivíduo, por exemplo) e de sobrenomes, pela diversidade e pela fantasia de suas próprias assinaturas.

Notemos que a própria doente frequentemente se qualifica no masculino *(7)*.

Em uma composição que lhe pedimos acerca de um assunto técnico que ela era suposta conhecer, ficou bem marcada a relação entre a falta de direção e de eficácia do pensamento e essa estrutura afetiva. Esse trabalho, quase suficiente em seu conteúdo geral, apresentava duas ou três vezes uma derivação do discurso, completamente fora de propósito e sempre sob a forma da ironia, da alusão, da antífrase. Essas formas, nas quais o pensamento afetivo encontra normalmente como se expressar nos enquadramentos lógicos, estavam aqui ligadas à manifestação de um déficit intelectual que não havia se revelado nos testes, nos quais ela era passiva.

No entanto, nem tudo nesses textos parece resultar da formulação verbal degradada de tendências afetivas. Mostra-se ali uma atividade de jogo, cuja parte de intenção e cuja parte do automatismo não devem ser ignoradas. As experiências feitas por alguns escritores sobre um modo de escrita que eles denominaram surrealista, e cujo método descreveram muito cientificamente,* mostram o grau de notável autonomia que os automatismos gráficos podem alcançar fora de qualquer hipnose.**

Ora, nessas produções alguns enquadramentos podem ser previamente fixados, como um ritmo de conjunto, uma forma sentenciosa,*** sem que por isso seja diminuído o ca-

---

* André Breton. *Manifeste du surréalisme*. Paris: 1924.
** Ver André Breton e Paul Éluard. *L'Immaculée Conception*, 1930.
*** Paul Éluard e Benjamin Péret, *152 proverbes mis au goût du jour*. Robert Desnos. *Corps et Biens*. Paris: NRF, 1930.

Escritos "inspirados": Esquizografia 83

ráter violentamente disparatado das imagens que nelas vão fluindo.

Um mecanismo análogo parece operar nos escritos de nossa doente, para os quais a leitura em voz alta revela o papel essencial do ritmo. Com frequência ele tem, por si só, uma considerável potência expressiva.

O hexâmetro encontrado a cada linha *(66)* é pouco significativo e é, antes, um sinal de automatismo. O ritmo pode ser dado por um estilo sentencioso que, por vezes, assume o valor de uma verdadeira estereotipia, tal como o esquema dado pelo provérbio "Ao vencer sem perigo triunfa-se sem glória", vinte vezes subjacente a alguma fórmula aparentemente incoerente *(31)*. Um grande número de volteios próprios a alguns autores clássicos, com muita frequência a La Fontaine, sustentam o texto. O mais típico deles é a frase delirante que precede a referência *(53)* e que é calcada no célebre dístico de Hégésippe Moreau:

> *Se existe um nome bem doce feito para a poesia,*
> *Ah! me digam, não é o da Vulzia?*

Tendo em vista tais mecanismos de jogos, é-nos impossível não atentar para o notável valor poético alcançado por algumas passagens, apesar de algumas falhas. Por exemplo, as duas passagens a seguir.

Na carta I, que pudemos trazer apenas em parte, seguem-se quase imediatamente ao nosso texto as seguintes passagens:

"Vê-se que o fogo da arte que se tem nas relvas de St-Gloire põe a África nos lábios da bela enfatigada [*emblasée*]."

E, dirigindo-se ainda a seu pai:

"Crês que na tua idade deverias estar no retorno do homem forte que, sem civilização, faz-se o mais alavanca [*le plus cran*] do remo e te repousar sem sonsice [*tapinois*] no mais claro dos ofícios do homem que se vê talhar a pérola feita por ele e se dá um repouso de seu amante de feno."

Ver também *(39) (40) (50) (64) (67)*.

Ao final de nossa análise, constatamos ser impossível isolar na consciência mórbida o fenômeno elementar, psicossensorial ou puramente psíquico, que seria o núcleo patológico ao qual reagiria a personalidade que permaneceu normal. O distúrbio mental nunca é isolado. Vemos aqui o mecanismo essencial assentar-se em uma base dupla:

- um déficit intelectual, que, por mais sutil que ele seja, traduz-se nas produções intelectuais, na conduta, e fundamenta certamente a crença delirante;
- um estado de estenia passional que, diversamente polarizado em sentimentos de orgulho, de ódio ou de desejo, tem sua única raiz em uma tendência egocêntrica.

Esse estado emocional crônico é passível de variações, conforme os muitos períodos. Períodos longos, que revelam uma correlação clínica com a frequência dos fenômenos elementares de ação externa. Períodos curtos, determinados pela expressão escrita dos temas delirantes.

Nesses estados de exaltação, as formulações conceituais, sejam as do delírio ou as dos textos escritos, não têm mais importância do que as falas intercambiáveis de uma canção em versos. Longe de motivarem a melodia, é esta que as sustenta e, por vezes, legitima seu contrassenso.

Esse estado de estenia é necessário para que os fenômenos ditos elementares, ainda que tivessem a consistência psicossensorial, acarretem o assentimento delirante que a consciência normal lhes recusa.

Do mesmo modo, nos escritos, é dada apenas a fórmula rítmica, a qual deve ser preenchida pelos conteúdos ideicos que serão apresentados. No dado estado de nível intelectual e de cultura da doente, as felizes conjunções de imagens poderão se produzir episodicamente para um resultado altamente expressivo. Mas, na maioria das vezes, o que advirá serão as escórias da consciência, palavras, sílabas, sonoridades obsedantes, "lenga-lengas", assonâncias, "automatismos" diversos: tudo aquilo que um pensamento em estado de atividade, isto é, que identifica o real, repele e anula através de um juízo de valor.

Tudo o que, dessa origem, é assim tomado no texto, é reconhecido em um traço que assinala seu caráter patológico: a estereotipia. Por vezes, esse traço é manifesto. Em outras, pode-se apenas pressenti-lo. Sua presença nos basta.

Em suma, nada é menos inspirado, no sentido espiritual, do que esse escrito sentido como inspirado. É quando o pensamento é curto e pobre que o fenômeno automático faz sua suplência. Ele é sentido como exterior porque faz suplência a um déficit do pensamento. Ele é julgado válido por ser convocado por uma emoção estênica.

Parece-nos que essa conclusão, que diz respeito aos problemas mais essenciais que nos são apresentados pelo funcionamento patológico do pensamento, mereceria a análise fenomenológica minuciosa que somente os escritos poderiam nos permitir.

O problema do estilo e a concepção psiquiátrica das formas paranoicas da experiência

Publicado no primeiro número da revista *Le Minotaure*, 1933

DE TODOS OS PROBLEMAS da criação artística, o do estilo requer mais imperiosamente, e para o próprio artista, acreditamos, uma solução teórica. Com efeito, não é sem importância a ideia de que ele se forma a partir do conflito, revelado pelo estilo, entre a criação realista baseada no conhecimento objetivo, por um lado, e, por outro, a potência superior de significação, a alta comunicabilidade emocional da criação dita estilizada. Segundo a natureza dessa ideia, o artista conceberá o estilo como o fruto de uma escolha racional, de uma escolha ética, de uma escolha arbitrária, ou ainda de uma necessidade experimentada, cuja espontaneidade se impõe contra todo controle, ou até mesmo que convém libertar-se dela por uma ascese negativa. É inútil insistir sobre a importância dessas concepções para o teórico.

Ora, parece-nos que a direção tomada hoje pela pesquisa psiquiátrica oferece dados novos a esses problemas. Mostramos o caráter muito concreto desses dados em análises detalhadas incidindo sobre os escritos dos loucos. Gostaríamos de indicar, aqui, em termos necessariamente mais abstratos, qual revolução teórica eles trazem para a antropologia.

A psicologia escolar, por ser a última advinda das ciências positivas e por ter assim aparecido no apogeu da civilização burguesa que sustenta o corpo dessas ciências, só podia devotar uma confiança ingênua ao pensamento mecanicista que fizera suas brilhantes provas nas ciências da física. Isso, pelo menos, enquanto a ilusão de uma infalível investigação da natureza continuou a recobrir a realidade da fabricação de uma segunda natureza, mais em conformidade com as leis fundamentais de equivalência do espírito, a saber, a da máquina. Do mesmo modo, o progresso histórico de tal psicologia, se parte da crítica experimental das hipóstases do racionalismo religioso, desemboca, nas mais recentes psicofísicas, em abstrações funcionais, cuja realidade se reduz cada vez mais rigorosamente à única medida do rendimento físico do trabalho humano. De fato, nada nas condições artificiais do laboratório poderia contradizer um desconhecimento tão sistemático da realidade do homem.

Esse deveria ter sido o papel dos psiquiatras, o que essa realidade solicita de maneira diferentemente imperiosa, encontrar os efeitos de ordem ética nas transferências criativas do desejo ou da libido, e as determinações estruturais de ordem numenal nas formas primárias da experiência vivida — quer dizer, reconhecer a primordialidade dinâmica e a originalidade dessa experiência (*Erlebnis*) em relação a toda objetivação de um acontecimento (*Geschehnis*).

No entanto, estaríamos na presença da mais surpreendente exceção às leis próprias ao desenvolvimento de qualquer superestrutura ideológica se esses fatos tivessem sido reconhecidos tão logo encontrados, afirmados tão logo reconhecidos. A antropologia implicada neles torna os postulados da física e

O problema do estilo e a concepção psiquiátrica 89

da moral racionalizantes muito relativos. Ora, esses postulados estão suficientemente integrados à linguagem corrente para que o médico, que, de todos os tipos de intelectuais, é o mais constantemente marcado por um leve atraso dialético, não acreditasse ingenuamente tê-los encontrado nos próprios fatos. Além disso, não se deve desconhecer que o interesse pelos doentes mentais surgiu historicamente de necessidades de origem legal. Essas necessidades surgiram por ocasião da instauração formulada, na base do direito, da concepção filosófica burguesa do homem como dotado de uma liberdade moral absoluta e da responsabilidade como própria ao indivíduo (vínculo entre direitos do homem e das pesquisas pioneiras de Pinel e de Esquirol). A partir de então, a questão maior que se formulou à ciência dos psiquiatras em termos práticos foi aquela, artificial, de um tudo ou nada do declínio mental (art. 64 do Código Penal).

Era então natural que os psiquiatras tomassem emprestada, primeiro, a explicação dos distúrbios mentais das análises da escola e do esquema cômodo de um déficit quantitativo (insuficiência ou desequilíbrio) de uma função de relação com o mundo, função e mundo procedentes de uma mesma abstração e racionalização. Aliás, toda uma ordem de fatos, aquela que responde ao quadro clínico das demências, se deixava muito bem ser ali resolvida.

Foi o triunfo do gênio intuitivo próprio à observação que um Kraepelin, embora totalmente engajado com esses preconceitos teóricos, tenha podido classificar, com um rigor ao qual nada se acrescentou, as espécies clínicas cujo enigma devia — através das aproximações com frequência imperfeitas (das quais o público retém apenas palavras de reagrupamento: esquizofrenia etc.) — engendrar o inigualável relativismo numenal dos pontos de vista ditos fenomenológicos da psiquiatria contemporânea.

Essas espécies clínicas nada mais são do que as psicoses propriamente ditas (as verdadeiras "loucuras" do vulgo). No entanto, os trabalhos de inspiração fenomenológica sobre esses estados mentais (aquele muito recente, por exemplo, de um Ludwig Binswanger sobre o estado dito de "fuga de ideias", que se observa na psicose maníaco-depressiva, ou o meu próprio trabalho sobre *A psicose paranoica em suas relações com a personalidade*) não desvinculam a reação local, na maioria das vezes notável somente por alguma discordância pragmática que aí pode ser individualizada como um distúrbio mental, da totalidade da experiência vivida do doente que eles tentam definir em sua originalidade. Essa experiência só pode ser compreendida no limite de um esforço de assentimento; ela pode ser validamente descrita como uma estrutura coerente de uma apreensão numenal imediata de si mesmo e do mundo. Somente um método analítico muito rigoroso pode permitir uma tal descrição; qualquer objetivação é, de fato, eminentemente precária em uma ordem fenomênica que se manifesta como anterior à objetivação racionalizante. As formas exploradas dessas estruturas permitem concebê-las como diferenciadas entre si por alguns hiatos que permitem tipificá-las.

Contudo, algumas dessas formas da experiência vivida, dita mórbida, apresentam-se como particularmente fecundas em modos de expressão simbólicos, que, sendo irracionais

O problema do estilo e a concepção psiquiátrica 91

em seu fundamento, não deixam de ser dotados de uma significação intencional eminente e de uma altíssima comunicabilidade tensional. Elas são encontradas nas psicoses que estudamos particularmente, conservando-lhes sua etiqueta antiga — e etimologicamente satisfatória — de "paranoia".

Essas psicoses se manifestam clinicamente por meio de um delírio de perseguição, uma evolução crônica específica e reações criminais particulares. Por não poderem detectar qualquer distúrbio no manejo do aparelho lógico e dos símbolos espaço-temporo-causais, os autores da linha clássica não tiveram medo de relacionar paradoxalmente todos esses distúrbios a uma hipertrofia da função de raciocínio.

De nossa parte, pudemos mostrar não apenas que o mundo próprio a esses sujeitos é transformado muito mais em sua percepção do que em sua interpretação, mas também que essa mesma percepção não é comparável à intuição dos objetos, própria ao civilizado da mediana normal. Por um lado, de fato, o campo da percepção é marcado nesses sujeitos com um caráter imanente e iminente de "significação pessoal" (sintoma dito de "interpretação") e esse caráter é exclusivo dessa neutralidade afetiva do objeto exigida, pelo menos virtualmente, pelo conhecimento racional. Por outro lado, a alteração, neles notável, das intuições espaço-temporais modifica o alcance da convicção da realidade (ilusões de lembrança, crenças delirantes).

Esses traços fundamentais da experiência vivida paranoica a excluem da deliberação ético-racional e de qualquer liberdade fenomenologicamente definível na criação imaginativa.

Ora, estudamos metodicamente as expressões simbólicas de sua experiência dadas por esses sujeitos: são, por um lado, os temas ideicos e os atos significativos de seu delírio; por outro, as produções plásticas e poéticas das quais são muito fecundos.

Pudemos mostrar:

A significação eminentemente humana desses símbolos, que só tem um análogo, no que diz respeito aos temas delirantes, nas criações míticas do folclore, e, no que diz respeito aos sentimentos animadores das fantasias, muitas vezes não é desigual à inspiração dos artistas mais importantes (sentimentos da natureza, sentimento idílico e utópico da humanidade, sentimento de reivindicação antissocial).

Detectamos como característica nos símbolos uma tendência fundamental que designamos pelo termo "identificação iterativa do objeto": o delírio se revela, de fato, muito fecundo em fantasmas de repetição cíclica, multiplicação ubíqua, de retornos periódicos infindáveis dos mesmos acontecimentos, em duplas e trios dos mesmos personagens, às vezes em alucinações de desdobramento da pessoa do sujeito. Essas intuições estão manifestamente relacionadas com processos muito constantes da criação poética e parecem ser uma das condições de tipificação criadora do estilo.

Contudo, o ponto mais notável que extraímos dos símbolos engendrados pela psicose é que seu valor de realidade não é de forma alguma diminuído pela gênese que os exclui da comunidade mental da razão. Os delírios, com efeito, não precisam de nenhuma interpretação para expressar, apenas por seus temas e de maneira maravilhosa, aqueles complexos instintivos e sociais que a psicanálise tem a maior dificuldade em trazer à luz nos neuróticos. Não é menos notável que as reações assassinas desses doentes se produzam, com muita

O problema do estilo e a concepção psiquiátrica 93

frequência, em um ponto nevrálgico das tensões sociais da atualidade histórica.

Todos esses traços próprios à experiência vivida paranoica lhe deixam uma margem de comunicabilidade humana, na qual ela demonstrou, em outras civilizações, toda a sua potência. Ela ainda não a perdeu sob nossa própria civilização racionalizante: foi possível afirmar que Rousseau, cuja paranoia típica pôde ser diagnosticada com a maior certeza, deve à sua experiência propriamente mórbida o fascínio exercido, em seu século, por sua pessoa e pelo seu estilo. Saibamos também que o gesto criminoso dos paranoicos às vezes leva a simpatia trágica tão longe que o século, para se defender, não sabe mais se deve despojá-lo de seu valor humano ou oprimir o culpado sob sua responsabilidade.

Pode-se conceber a experiência paranoica vivida e a concepção de mundo engendrada por ela como uma sintaxe original, que contribui para afirmar, por meio dos vínculos de compreensão que lhe são próprios, a comunidade humana. Conhecer essa sintaxe parece-nos uma introdução indispensável à compreensão dos valores simbólicos da arte e, muito especialmente, dos problemas do estilo, a saber, as virtudes de convicção e de comunhão humana que lhe são próprias, não menos do que os paradoxos da sua gênese — problemas ainda insolúveis para qualquer antropologia que não seja libertada do realismo ingênuo do objeto.

Motivos do crime paranoico:
O crime das irmãs Papin

Publicado em *Le Minotaure* n. 3/4, 1933

Ao dr. Georges Dumas, com respeito e amizade

RECORDAMOS AS TERRÍVEIS CIRCUNSTÂNCIAS do massacre de Le Mans e da emoção provocada na consciência pública pelo mistério dos motivos das duas assassinas, as irmãs Christine e Léa Papin. Essa inquietação, esse interesse foram respondidos na imprensa por meio de uma informação muito ampla sobre os fatos, dada pelo órgão das mentes mais informadas do jornalismo.* Vamos, portanto, apenas resumir os fatos do crime.

As duas irmãs, de 28 e 21 anos, são, há vários anos, empregadas domésticas de ilustres burgueses da pequena cidade provinciana, um advogado, sua esposa e sua filha. Empregadas domésticas modelo, dizia-se, invejadas no serviço; domésticas-mistério também, pois, se notamos que os patrões parecem ter estranhamente carecido de simpatia humana, nada nos permite dizer que a altiva indiferença das domésticas apenas respondeu a essa atitude; de um grupo ao outro,

---

* Cf. as reportagens de Jérôme e de Jean Tharaud em *Paris-Soir*, de 28, 29 e 30 de setembro e de 8 de outubro de 1933.

"não se falava". Esse silêncio, porém, não poderia ser vazio, mesmo que fosse obscuro aos olhos dos atores.

Uma noite, em 2 de fevereiro, essa escuridão se materializou pela ocorrência de uma pane banal da iluminação elétrica. Foi uma inabilidade das irmãs que a provocou, e as patroas, ausentes, já haviam demonstrado, por ocasião de mínimas observações, ânimos mordazes. O que a mãe e a filha manifestaram quando, em seu retorno, descobriram o diminuto desastre? Os dizeres de Christine variaram nesse ponto. Seja como for, o drama desencadeou-se muito rapidamente e, sobre a forma do ataque, é difícil admitir uma outra versão que não a dada pelas irmãs, a saber, que ele foi súbito, simultâneo, imediatamente levado ao paroxismo da fúria: cada uma agarrou uma adversária, arrancou-lhe os olhos das órbitas com vida — fato inaudito, disseram, nos anais do crime — e a nocauteou. Então, usando o que estava ao seu alcance, martelo, jarro de estanho, faca de cozinha, elas se encarniçaram contra os corpos de suas vítimas, esmagaram seus rostos e, desvelando o sexo delas, talharam profundamente as coxas e nádegas de uma, para sujar as da outra com esse sangue. Em seguida, lavaram os instrumentos desses ritos atrozes, purificaram-se a si mesmas e se deitaram na mesma cama. "Aqui está limpo!" Essa foi a fórmula trocada entre elas, e que parecia dar o tom da dissipação da embriaguez, esvaziada de toda emoção que sucedeu, nelas, à orgia sangrenta.

Ao juiz, elas não darão nenhum motivo compreensível de seu ato, nenhum ódio, nenhum agravo contra suas vítimas; sua única preocupação parecerá compartilharem inteiramente a responsabilidade pelo crime. Aos três médicos peri-

Motivos do crime paranoico: O crime das irmãs Papin

tos, elas parecerão não ter qualquer sinal de delírio, nem de demência, sem nenhum distúrbio psíquico atual, nem físico, e eles serão obrigados a registrar esse fato.

Nos antecedentes do crime, dados demasiado imprecisos, ao que parece, para que se pudesse levá-los em conta: uma iniciativa confusa das irmãs junto ao prefeito para obter a emancipação da mais nova, um secretário-geral que as achou "pancadas", um comissário central que testemunha tê-las considerado "perseguidas". Há também o apego singular que as unia, a imunidade delas a qualquer outro interesse, os dias de folga que passavam juntas e em seu quarto. Mas, até agora, alguém se inquietou com essas estranhezas? Omite-se, ainda, um pai alcoólatra, brutal, que, dizem, estuprou uma de suas filhas e abandonou precocemente a educação delas.

Foi somente após cinco meses de prisão que Christine, isolada de sua irmã, apresentou uma crise de agitação muito violenta com alucinações aterrorizantes. No decorrer de outra crise, ela tentou arrancar os próprios olhos, em vão, claro, mas não sem se lesar. A agitação furiosa requereu, dessa vez, a aplicação da camisa de força; ela se entregava a exibições eróticas, depois apareceram sintomas de melancolia: depressão, recusa de alimentos, autoacusação, atos expiatórios de caráter repugnante; na sequência, em diversas ocasiões, ela fazia proposições com significação delirante. Digamos que a declaração de Christine de ter simulado um desses estados não pode de forma alguma ser considerada a chave real para a natureza deles: o sentimento de jogo era ali frequentemente experimentado pelo sujeito, sem que seu comportamento fosse menos tipicamente mórbido.

Em 30 de setembro, as irmãs foram condenadas pelo júri. Christine, ao ouvir que terá a cabeça cortada na praça de Le Mans, recebe essa notícia de joelhos.

No entanto, as características do crime, os distúrbios de Christine na prisão, as estranhezas da vida das irmãs convenceram a maioria dos psiquiatras da não responsabilidade das assassinas.

Diante da recusa de uma segunda opinião, o dr. Logre, cujo caráter altamente qualificado conhecemos, acreditou poder testemunhar no tribunal em defesa delas. Foi o rigor inerente ao clínico magistral ou a prudência imposta pelas circunstâncias que o colocou na postura de advogado? O dr. Logre apresentou não uma, mas várias hipóteses sobre a presumida anomalia mental das irmãs: ideias de perseguição, perversão sexual, epilepsia ou histero-epilepsia. Se acreditamos poder formular uma solução mais unívoca para o problema, queremos primeiro prestar homenagem à sua autoridade não apenas porque ela nos protege da desaprovação de fazer um diagnóstico sem termos nós mesmos examinado as doentes, mas também porque ela sancionou, com fórmulas particularmente felizes, alguns fatos muito delicados de isolar e, no entanto, como veremos, essenciais para a demonstração de nossa tese.

Há uma entidade mórbida, a *paranoia*, que, apesar dos destinos diversos que sofreu com a evolução da psiquiatria, corresponde aproximadamente aos seguintes traços clássicos: a) um delírio intelectual que varia seus temas de ideias de grandeza a ideias de perseguição; b) reações agressivas, muito frequentemente assassinas; c) uma evolução crônica.

Até agora, duas concepções se opuseram sobre a estrutura dessa psicose: uma a considera como o desenvolvimento de uma "constituição" mórbida, ou seja, de um vício congênito do caráter; a outra designa seus fenômenos elementares como distúrbios momentâneos da percepção, que são qualificados como interpretativos por causa de sua aparente analogia com a interpretação normal; o delírio é aqui considerado um esforço racional do sujeito para explicar essas experiências, e o ato criminoso uma reação passional, cujos motivos são dados pela convicção delirante.

Embora os chamados fenômenos elementares tenham uma existência muito mais certa do que a constituição pretendida como paranoica, vê-se facilmente a insuficiência dessas duas concepções, e tentamos fundamentar uma nova em uma observação mais de acordo com o comportamento do doente.[*]

Reconhecemos, assim, como primordial, tanto nos elementos quanto no conjunto do delírio e em suas reações, a influência das relações sociais incidentes em cada uma dessas três ordens de fenômenos; admitimos como explicativa dos fatos da psicose a noção dinâmica de *tensões sociais*, cujo estado de equilíbrio ou de ruptura normalmente define a personalidade no indivíduo.

A pulsão agressiva, que se resolve no assassinato, aparece, assim, como a afeição que serve de base à psicose. Pode-se dizê-la inconsciente, o que significa que o conteúdo intencional que a traduz na consciência não pode se manifestar

---

[*] Jacques Lacan. *De la psychose paranoïaque dans se rapport avec la personalité*, 1932. [Ed. bras.: *Da psicose paranoica em suas relações com a personalidade*. Rio de Janeiro: Forense Universitária, 2011.]

sem um compromisso com as exigências sociais integradas pelo sujeito, isto é, sem uma camuflagem de motivos que é, precisamente, todo o delírio.

Mas essa pulsão é, em si mesma, marca da relatividade social: ela tem sempre a intencionalidade de um crime, quase constantemente a de uma vingança, com frequência o sentido de uma punição, ou seja, de uma sanção surgida dos ideais sociais; por vezes, enfim, ela se identifica com o ato concluído da moralidade, tem o alcance de uma expiação (autopunição). As características objetivas do assassinato, sua elegibilidade da vítima, sua eficácia assassina, seus modos de desencadeamento e de execução variam de maneira contínua com os graus da significação humana da pulsão fundamental. São esses mesmos graus que comandam a reação da sociedade ao crime, reação ambivalente, de dupla forma, que cria o contágio emocional desse crime e as exigências punitivas da opinião pública.

Assim é esse crime das irmãs Papin, pela emoção que ele provoca e que ultrapassa seu horror, por seu valor de imagem atroz porém simbólica até em seus mais hediondos detalhes: as metáforas mais utilizadas do ódio — "Eu lhe arrancarei os olhos" — recebem execução literal. A consciência popular revela o sentido dado por ela a esse ódio aplicando, aqui, a pena máxima, tal como a lei antiga aos crimes dos escravos. Talvez, nós o veremos, ela assim se engane sobre o sentido real do ato. Mas observemos, para o uso daqueles atemorizados pela via psicológica em que engajamos o estudo da responsabilidade, que o adágio "compreender é perdoar" está submetido aos limites de cada co-

Motivos do crime paranoico: O crime das irmãs Papin

munidade humana e que, fora desses limites, compreender (ou acreditar compreender) é condenar.

O conteúdo intelectual do delírio nos parece, dissemos, uma superestrutura a um só tempo justificadora e negadora da pulsão criminosa. Nós o concebemos, portanto, como submetido às variações dessa pulsão, à queda que resulta, por exemplo, de sua saciação: nos casos princeps do tipo particular de paranoico, nós descrevemos (o caso Aimée) que o delírio se desvanece com a realização dos objetivos do ato. Não nos surpreenderemos que o mesmo tenha ocorrido durante os primeiros meses que se seguiram ao crime das irmãs. As faltas correlativas às descrições e às explicações clássicas por muito tempo fizeram desconhecer a existência, no entanto capital, de tais variações, afirmando a estabilidade dos delírios paranoicos, quando não há senão constância de estrutura: essa concepção conduz os experts a conclusões errôneas e explica seu embaraço na presença de muitos crimes paranoicos, nos quais o sentimento de realidade vem à tona apesar de suas doutrinas, mas só engendram neles a incerteza.

Com as irmãs Papin, devemos considerar o único traço de uma formulação de ideias delirantes anteriores ao crime como um complemento do quadro clínico: ora, sabemos que o encontramos principalmente no testemunho do comissário central da cidade. Sua imprecisão não poderia de modo algum fazê-lo ser rejeitado: todo psiquiatra conhece o ambiente muito especial, frequentemente evocado sem que se saiba por qual estereotipia, das proposições desses doentes, antes mesmo que eles se explicitem em fórmulas delirantes. Mesmo que alguém tenha experimentado essa impressão apenas uma vez, não se poderia considerar como sem importância o fato de ele reconhecê-la. Ora, as funções de triagem dos centros de polícia estão habituadas com essa experiência.

Na prisão, vários temas delirantes são expressos por Christine. Qualificamos assim não apenas os sintomas típicos do delírio, tal como o do sistemático desconhecimento da realidade (Christine pergunta como estão suas duas vítimas e declara acreditar que elas voltaram em um outro corpo), mas também as crenças mais ambíguas que se traduzem em proposições como esta: "Acredito mesmo que, em uma outra vida, eu deveria ter sido o marido de minha irmã". Podemos, de fato, reconhecer nessas observações conteúdos muito típicos de delírios classificados. Ademais, sempre se encontra uma certa ambivalência em qualquer crença delirante, desde as formas mais tranquilamente afirmativas de delírios fantásticos (nas quais o sujeito reconhece, no entanto, uma "dupla realidade") até as formas interrogativas dos delírios ditos de suposição (nos quais qualquer afirmação da realidade lhe é suspeita).

No nosso caso, a análise desses conteúdos e dessas formas nos permitiria especificar o lugar das duas irmãs na classificação natural dos delírios. Elas não se situariam na forma muito limitada de paranoia que, por meio de tais correlações formais, isolamos em nosso trabalho. É até mesmo provável que saíssem dos quadros genéricos da paranoia para entrar no das parafrenias, que o gênio de Kraepelin isolou como formas imediatamente contíguas. Essa precisão do diagnóstico, no estado caótico de nossa informação, seria, no entanto, muito precária. No resto, ela seria de pouca utilidade para nosso estudo dos motivos do crime, já que, como indicamos em nosso trabalho, as formas de *paranoia* e as formas delirantes

Motivos do crime paranoico: O crime das irmãs Papin

vizinhas permanecem unidas por uma estrutura em comum que justifica a aplicação dos mesmos métodos de análise.

O que é certo é que as formas de psicose são, nas duas irmãs, senão idênticas, pelo menos estreitamente correlatas. Ouvimos, durante os debates, a espantosa afirmação de que era impossível que as duas fossem atingidas juntas pela mesma loucura, ou melhor, que a revelassem simultaneamente. Essa é uma afirmação completamente falsa. Os *delírios a dois* estão entre as mais antigas formas reconhecidas de psicoses. As observações mostram que eles se produzem eletivamente entre parentes próximos, pai e filho, mãe e filha, irmãos ou irmãs. Digamos que seu mecanismo decorra, em certos casos, da sugestão contingente exercida por um sujeito delirante ativo sobre um sujeito débil passivo. Veremos que nossa concepção da paranoia dá uma noção inteiramente diferente dela e explica de maneira mais satisfatória o paralelismo criminal das duas irmãs.

A pulsão assassina que concebemos como a base da paranoia seria, de fato, apenas uma abstração pouco satisfatória, se ela não fosse controlada por uma série de anomalias correlatas aos instintos socializados, e se o estado atual de nossos conhecimentos sobre a evolução da personalidade não nos permitisse considerar essas anomalias pulsionais como contemporâneas em sua gênese. Homossexualidade, perversão sadomasoquista, tais são os distúrbios instintivos cuja existência nesse caso somente os psicanalistas puderam detectar, e cuja significação genética tentamos mostrar em nosso trabalho. É preciso admitir que as irmãs parecem trazer para essas correlações uma confirmação que se poderia chamar de grosseira: o sadismo é evidente nas manobras executadas sobre as vítimas. E qual significação tomam, à luz desses dados, a afeição exclusiva das duas irmãs, o mistério de suas vidas, as estranhezas de sua coabitação, sua aproximação temerosa numa mesma cama após o crime?

Nossa experiência específica com esses doentes faz-nos hesitar, no entanto, diante da afirmação, avançada por alguns, da realidade das relações sexuais entre as irmãs. Por essa razão, somos gratos ao dr. Logre pela sutileza do termo "casal psicológico", no qual mensuramos sua reserva quanto a esse problema. Os próprios psicanalistas, quando fazem derivar a paranoia da homossexualidade, qualificam essa homossexualidade de inconsciente, de "larval". Essa tendência homossexual só se expressaria por uma negação desesperada de si mesma, que fundamentaria a convicção de ser perseguido e designaria o ser amado no perseguidor. Mas qual é essa tendência singular que, tão próxima de sua revelação mais evidente, dela permaneceria sempre separada por um obstáculo singularmente transparente?

Freud, em um artigo admirável,* sem nos dar a chave desse paradoxo nos fornece todos os elementos para encontrá-la. De fato, ele nos mostra que, por ocasião dos agora reconhecidos primeiros estágios da sexualidade infantil, opera-se a redução forçada da hostilidade primitiva entre os irmãos, que pode se produzir uma inversão anormal dessa hostilidade em desejo e que esse mecanismo engendra um tipo especial de homossexuais nos quais predominam os instintos e as ati-

---

* S. Freud. "De quelques mécanismes névrotiques dans la jalousie, la paranoïa et l'homosexualité", trad. Jacques Lacan, *Revue française de Psychanalyse*, n. 3. Paris: 1932. pp. 391-401. [Ver p. 132, adiante.]

Motivos do crime paranoico: O crime das irmãs Papin 105

vidades sociais. Na realidade, esse mecanismo é constante: essa fixação amorosa é a condição primordial da primeira integração com as tendências instintivas do que chamamos de *tensões sociais*. Integração dolorosa, na qual já se marcam as primeiras exigências sacrificiais que a sociedade nunca mais deixará de exercer sobre seus membros: tal é sua ligação com essa intencionalidade pessoal do sofrimento infligido que constitui o sadismo. Essa integração, porém, se dá segundo a lei da menor resistência, por meio de uma fixação afetiva ainda muito próxima do eu [*moi*] solipsista, fixação que merece ser chamada de narcísica e na qual o objeto escolhido é o que mais se assemelha ao sujeito: tal é a razão de seu caráter homossexual. Mas essa fixação deverá ser superada para alcançar uma moralidade socialmente eficaz. Os belos estudos de Piaget nos mostraram o progresso que se efetua desde *egocentrismo* ingênuo das primeiras participações nas regras do jogo moral até a objetividade cooperativa de uma consciência idealmente realizada.

Em nossas doentes, essa evolução não vai além de seu primeiro estágio, e as causas de uma tal parada podem ter origens muito diversas, algumas orgânicas (taras hereditárias), outras psicológicas: a psicanálise revelou, entre elas, a importância do incesto infantil. Sabemos que seu ato parece não ter estado ausente da vida das irmãs.

Para dizer a verdade, muito antes de fazermos essas aproximações teóricas a observação prolongada de casos múltiplos de *paranoia*, com o complemento de minuciosas investigações sociais, nos levara a considerar a estrutura da *paranoia* e delírios vizinhos como inteiramente dominada pelo destino desse complexo fraternal. A maior instância disso é fulgurante nas observações que publicamos. A ambivalência afetiva em relação à irmã mais velha direciona todo o comportamento autopunitivo de nosso "caso Aimée". Se, no decorrer de seu delírio, Aimée transfere as acusações de seu ódio amoroso para várias cabeças sucessivas, trata-se de um esforço para se liberar de sua fixação primária, mas esse esforço é abortado: cada uma das perseguidoras não é verdadeiramente nada senão uma nova imagem, sempre totalmente prisioneira do narcisismo, dessa irmã da qual nossa doente fez seu ideal. Compreendemos agora qual é o obstáculo invisível que faz com que ela nunca possa saber, ainda que o grite, que ama todas essas perseguidoras: elas são apenas imagens.

O "mal de ser dois", do qual sofrem essas doentes, dificilmente as livra do mal de Narciso. Paixão mortal que acaba por se dar a morte. Aimée atinge o ser brilhante que ela odeia justamente porque ela representa o ideal que tem de si própria. Essa necessidade de autopunição, esse enorme sentimento de culpa também pode ser lido nos atos das Papins, mesmo que apenas no pôr-se de joelhos de Christine na ocasião do desenlace. Mas parece que, entre elas, as irmãs não podiam nem sequer tomar a distância necessária para se mortificar. Verdadeiras almas siamesas, elas formam um mundo fechado para sempre; ao ler seus depoimentos após o crime, diz o dr. Logre, "acredita-se ler duas vezes". Com os únicos meios de sua ilha, elas devem resolver seu enigma, o enigma humano do sexo.

É preciso ter ouvido atentamente as estranhas declarações de tais doentes para saber as loucuras que sua consciência acorrentada pode arquitetar sobre o enigma do falo e da castração feminina. Sabemos então reconhecer, nas tímidas con-

Motivos do crime paranoico: O crime das irmãs Papin 107

fissões do sujeito dito normal, as crenças que ele cala e que ele acredita calar porque as considera pueris, ao passo que ele se cala porque, sem o saber, ainda adere a elas.

As palavras de Christine "Eu realmente acredito que em uma outra vida eu deveria ter sido o marido da minha irmã" são reproduzidas em nossas doentes por meio de muitos temas fantásticos que basta escutar para obter. Que longo caminho de tortura ela deve ter tido que percorrer antes que a experiência desesperada do crime a dilacerasse de seu outro si-mesma e ela pudesse, após sua primeira crise de delírio alucinatório no qual acredita ter visto sua irmã morta, morta sem dúvida por esse golpe, gritar diante do juiz que as confronta as palavras da paixão descerrada: "Sim, diga sim".

Na noite fatídica, na ansiedade de uma punição iminente, as irmãs misturam à imagem de suas patroas a miragem de seu mal. É sua aflição que elas detestam no par que arrastam para uma quadrilha atroz. Elas arrancam os olhos, tal como castravam as Bacantes. A curiosidade sacrílega que constitui a angústia do homem desde a aurora dos tempos é a que as anima quando despedaçam suas vítimas, quando elas acossam em suas feridas abertas o que Christine mais tarde, perante o juiz, chamará, em sua inocência, de "o mistério da vida".

Psicologia e estética

Síntese da obra de E. Minkowski, *Le Temps vécu*,
publicada em *Recherches Philosophiques*, 1935

A. MINKOWSKI. *Le Temps vécu: Études phénoménologiques et
psycho-pathologiques.* 1 vol., 400 pp., col. de l'Évolution psychiatrique, J. L. L. d'Artrey, Administrateur, 17, rua de La Roche-
foucauld, Paris.

Obra ambiciosa e ambígua. Assim a qualifica o leitor, uma
vez fechado o livro. Essa ambiguidade, já manifesta na bipar-
tição da obra, revela-se mais intimamente no duplo sentido
de cada uma de suas duas partes: um primeiro livro sobre o
"aspecto temporal da vida", cujo aparelho fenomenológico
não é suficiente para justificar os postulados metafísicos nele
afirmados; um outro livro sobre a estrutura dos distúrbios
mentais, especialmente sobre sua estrutura espaço-temporal,
cujas análises, preciosas para a clínica, devem sua acuidade
à coerção exercida sobre o observador pelo objeto erguido,
primeiro, por sua meditação do espiritual.

Essas contradições íntimas equivaleriam a um fracasso, se
o alto nível da obra não nos assegurasse que se trata apenas
do único fracasso, inerente à ambição, queremos dizer ligado
à fenomenologia dessa paixão, à sua estrutura carregada de
enigmas para nós. Essa, uma vez revelada, perguntaremos

sua fórmula a essas autênticas confidências pelas quais a obra trai a personalidade do autor? Reteremos, dentre elas, essa evocação a propósito da última obra de Mignard: "de uma síntese de sua vida científica e de sua vida espiritual — síntese tão rara hoje em dia, onde se adquiriu o hábito de erguer uma barreira intransponível entre a pretensa objetividade da ciência e as necessidades espirituais de nossa alma" (p. 143).

Queremos aqui respaldar nossa crítica, reivindicando para ela o direito de restituir a barreira aqui evocada, que certamente não é intransponível para nós, mas constitui o sinal de uma nova aliança entre o homem e a realidade. Portanto, examinaremos sucessivamente o triplo conteúdo da obra: objetivação científica, análise fenomenológica, testemunho pessoal, devendo o próprio movimento de nossa análise dar sua síntese, se é que ela existe.

A contribuição científica incide sobre os dados da patologia mental. Sabemos o quanto sua objetivação ainda é imperfeita. Encontraremos, aqui, contribuições preciosas para o seu progresso tanto mais visto que, no estado atual da produção psiquiátrica na França, um tal trabalho é excepcional. De fato, o conjunto das comunicações feitas nas sociedades eruditas oficiais não oferece nada diferente àquele cuja profissão impõe, já há muitos anos, uma informação tão desesperadora quanto a imagem da mais miserável das estagnações intelectuais.

Considera-se como uma atividade científica válida a simples justaposição, em um "caso", de um fato da observação psicopatológica e de um sintoma geralmente somático e classificável na categoria dos chamados signos orgânicos. O alcance exato desse trabalho é suficientemente qualificado quando se constata com que tipo de observações nos contentamos aqui.

Psicologia e estética III

Sua inanidade é sua garantia pela terminologia que basta aos observadores para assinalá-la.

Tal terminologia decorre integralmente dessa psicologia das faculdades que, fixada no academicismo de Cousin, não foi reduzida pelo atomismo associacionista em nenhuma de suas abstrações para sempre escolásticas: disso resulta essa verborreia sobre a imagem, a sensação, as alucinações; sobre o julgamento, a interpretação, a inteligência etc.; por fim, sobre a afetividade, a última a chegar, a fórmula banal em um momento da psiquiatria avançada, que encontrou ali o termo mais propício para um certo número de escamoteações.

Quanto aos sintomas ditos orgânicos, são aqueles que, na prática médica atual, aparecem dotados de um alcance inteiramente relativo ao conjunto do cortejo semiológico; quer dizer que, raramente patognomônicos, eles são mais frequentemente probabilísticos em diversos graus. Por outro lado, em uma certa psiquiatria, eles tomam um valor tabu que faz de seu simples achado uma conquista doutrinal.

Cada achado semelhante é mantido para constituir um passo na obra de "redução da psiquiatria aos quadros da medicina geral". O resultado dessa atividade ritual é que o método, a saber, esse aparelho mental sem o qual o próprio fato presente pode ser desconhecido em sua realidade, ainda estaria, em psiquiatria, no ponto certamente meritório mas superável aonde os Falrets, os Moreaus de Tours, os Delasiauves o levaram; eles não eram os trabalhos de raros pesquisadores que, como um Pierre Janet, estão suficientemente habituados com a filosofia implícita, que paralisa a psicologia dos médicos a fim de poder superá-la, libertando-se de seus termos. Assim, a formação filosófica cujos papel, tempo e frutos anteriores o sr. Minkowski se preocupa em situar em sua própria biografia muito o ajudou a perceber as características reais dos fatos que, na sequência, lhe foram oferecidos por uma experiência clínica cotidiana.

A novidade metódica dos vislumbres do dr. Minkowski é sua referência ao ponto de vista da estrutura, um ponto de vista bastante estranho, ao que parece, às concepções dos psiquiatras franceses, por muitos ainda acreditarem que se trata de um equivalente da psicologia das faculdades. Os fatos da estrutura se revelam ao observador nessa coerência formal mostrada pela consciência mórbida em seus diferentes tipos e que reúne, em cada um deles de maneira original, as formas que aí se apreendem da identificação do eu [*moi*], da pessoa, do objeto — da intencionalização dos choques da realidade —, das asserções lógicas, causais, espaciais e temporais. Não se trata, aqui, de registrar as declarações do sujeito que sabemos, há muito tempo (talvez esse seja um dos pontos doravante admitidos pela psicologia psiquiátrica), não poderem ser, pela própria natureza da linguagem, senão inadequadas para a experiência vivida que o sujeito tenta expressar. Trata-se muito mais, apesar dessa linguagem, de "penetrar" na realidade dessa experiência, apreendendo no comportamento do doente o momento em que se impõe a intuição decisiva da certeza, ou então a ambivalência suspensiva da ação, e redescobrindo, por meio de nosso assentimento, a forma sob a qual esse momento se afirma.

Concebemos qual importância pode ter o modo vivido da perspectiva temporal nessa determinação formal.

Um belo exemplo do valor analítico de tal método é dado pelo sr. Minkowski em um notável estudo de "um caso de

Psicologia e estética

ciúme patológico sobre um fundo de automatismo mental", reproduzido aqui dos *Annales médico-psychologiques* de 1929. Não há nenhuma demonstração mais engenhosa e convincente do papel de molde formal desempenhado pelo "distúrbio gerador" (que esteja aqui, em primeiro lugar, o sintoma dito de *transitivismo*) para os conteúdos passionais mórbidos (sentimentos de amor e, acima de tudo, de ciúme) e para sua manifesta desinserção da realidade tanto interior quanto objetal.

Essa brilhante observação serviria para nos convencer de que não poderíamos compreender a verdadeira significação de uma paixão mórbida, muito insuficientemente assinalada por uma rubrica resultante da experiência comum (ciúme), sem penetrar na sua organização estrutural.

Podemos lamentar mais ainda o fato de o sr. Minkowski tomar tanto cuidado para excluir da explicação de um tal caso, como se artificial, qualquer compreensão genética por meio da história afetiva do sujeito. O mais favorável de seus leitores não poderá ficar senão impressionado, no caso aqui relatado, com a conformidade significativa entre as lembranças traumáticas da infância (trauma libidinal eletivo no estágio anal e fixação afetiva na irmã), o trauma reativador da adolescência (o homem que ela ama casa-se com uma amiga dela) e os modos de identificação afetiva na forma de falsos reconhecimentos e de transitivismo, que a fazem tanto se sentir despersonalizada em benefício das mulheres das quais tem ciúme quanto acreditar na existência de relações homossexuais entre seu marido e seus amantes; é ainda mais impressionante ver o surgimento das lembranças infantis na consciência coincidir com uma relativa sedação dos distúrbios.

Devido também à sua posição abertamente hostil para com a psicanálise, o sr. Minkowski tende a estabelecer, na pesquisa psiquiátrica contemporânea, um novo dualismo teórico que ele renovaria a partir da ultrapassada oposição entre o organicismo e a psicogênese, e que se oporia, agora, à gênese chamada por ele de *ideo-afetiva*, que é aquela dos complexos definidos pela psicanálise, por um lado, e, por outro, a subdução estrutural, que ele considera autônoma a tal ponto que chega a falar de fenômenos de *compensação fenomenológica*.

Uma oposição tão absoluta só pode ser esterilizante.

Em um trabalho recente, nós mesmos tentamos demonstrar, no complexo típico do conflito objetal (posição "triangular" do objeto entre o tu e o eu [*moi*]), a razão comum da forma e do conteúdo nisso que chamamos de *conhecimento paranoico*.

Também não acreditamos que o que determina a estrutura substancialista de sua inteligência seja essencialmente o destino do homem que "manuseia os sólidos". Essa estrutura parece, antes, estar ligada à dialética afetiva que o leva de uma assimilação egocêntrica do meio ao sacrifício do eu [*moi*] pela pessoa do outro. O valor determinante das relações afetivas na estrutura mental do objeto vai, portanto, muito longe. A elucidação dessas relações nos parece dever ser axial para uma justa apreciação das características do tempo vivido nos tipos estruturais mórbidos. Uma consideração isolada dessas características não permite, assim nos parece, nem notá-las todas, nem diferenciá-las. Daí a função um tanto díspar das diversas perturbações da intuição do tempo nas entidades nosográficas em que elas são estudadas nessa obra: aqui ela é aparente na consciência e descrita como sintoma subjetivo

Psicologia e estética 115

pelo doente que dela sofre; ali, pelo contrário, ela é deduzida como estrutural do distúrbio que a expressa muito indiretamente (melancolias).

A única coisa que parece muito fundamental, e sem nenhuma dúvida destinada a aumentar a clínica das discriminações essenciais, é a subdução do tempo vivido nos estados depressivos: podemos considerar esses estados desde já como enriquecidos por um certo número de tipos estruturais (pp. 169-82, 286-304).

Por outro lado, só podemos ser gratos ao sr. Minkowski por ter demonstrado a fecundidade analítica da entidade acima de tudo estrutural, identificada por de Clérambault sob o título de automatismo mental. As belas obras desse mestre ultrapassam, de fato, o alcance da demonstração da verdade "organicista", à qual ele próprio parecia querer reduzi-las e à qual alguns dos seus alunos ainda estão confinados.

Nessa obra de ciência — que é uma obra comum —, o sr. Minkowski insiste, de resto, em homenagear cada um daqueles cujas visões lhe parecem trazer uma contribuição para a exploração do tempo vivido entre os psicopatas. Ganhamos ali apresentações muito boas dos trabalhos da sra. Minkowska, do sr. Franz Fischer e dos srs. Straus e Gebsattel, do sr. de Greef e do sr. Courbon. Talvez o conjunto perca em valor demonstrativo o que ele ganha, assim, em riqueza, e sua noção se afirma ainda mais pelo fato de os distúrbios do tempo vivido serem, nas estruturas mentais mórbidas, uma característica demasiado acessória para ser utilizada de outro modo que não como secundária em uma classificação natural dessas estruturas (cf. o curto capítulo intitulado "Algumas sugestões sobre o tema da excitação maníaca" — compará-lo com o grande estudo de Binswanger sobre a *Ideenflucht* publicado nos *Archives Suisses*).

Resta que a atenção do psiquiatra em contato clínico com o doente é, doravante, solicitada para aprofundar a natureza e as variedades desses distúrbios da intuição temporal.

O futuro, ao integrar seu aspecto na análise totalitária das estruturas, mostrará seu verdadeiro lugar na gama de formas de subdução mental, cujo estudo deve ser um fundamento da antropologia moderna.

Essa antropologia, aliás, não poderia se concluir como uma ciência positiva da personalidade. Tanto as fases evolutivas típicas desta última quanto sua estrutura noética e sua intencionalidade moral devem ser dadas, nós mesmos afirmamos isso em tempo congruente, por uma fenomenologia. Assim, o sr. Minkowski está bem fundamentado ao ter buscado em uma análise fenomenológica do tempo vivido as categorias de sua investigação estrutural.

O termo "fenomenologia", nascido na Alemanha, pelo menos quanto ao sentido técnico sob o qual ele passou a ocupar um lugar na história da filosofia, abrange, desde que foi libertado das condições rigorosas da *Aufhebung* husserliana, muitas especulações "abrangentes".

Além disso, uma vez admitido na França no nível de uma dessas moedas sem garantia cambial constituídas por cada termo do vocabulário filosófico — pelo menos enquanto ele estiver vivo —, o uso desse termo permaneceu marcado por uma extrema incerteza.

A obra do sr. Minkowski tende a fixar esse uso, mas sob o modo prático do intuicionismo bergsoniano. Entendamos disso que se trata menos de um conformismo doutrinal que

Psicologia e estética

de uma atitude, diríamos quase de um clichê irracionalista, cujas fórmulas nos parecem um tanto obsoletas, como bastante escolares as antinomias racionalizantes das quais devem alimentar-se incessantemente (cf. capítulo sobre *sucessão* etc.).

Nesse aparelho, expressa-se uma apreensão muito pessoal da duração vivida. Disso resulta uma dialética de extraordinária tenuidade, cuja exigência crucial parece ser, para qualquer antítese da experiência vivida, a discordância e a dissimetria discursiva, e nos conduz, por meio de inapreensíveis sínteses do *elã vital*, primeira direção isolada no devir, ao *elã pessoal*, correlativo à obra, e à *ação ética*, termo último, cuja essência permanece, no entanto, inteiramente inerente à própria estrutura do futuro (cf. p. 112).

Do mesmo modo, esse elã, puramente formal e, no entanto, criador de toda realidade vital é, para o sr. Minkowski, a forma do futuro vivido. Essa intuição domina toda a estrutura da perspectiva temporal. A restauração da virtualidade espacial que nos é revelada pela experiência nessa perspectiva será todo o trabalho aqui prosseguido. Ela necessita da intrusão fecunda, no futuro, de pares ontológicos, o "ser um ou muitos", o "ser uma parte elementar de um todo", o "ter uma direção", de modo que sejam engendrados esses *princípios* aos quais seu irracionalismo, devidamente controlado desde o nascimento, serve como estado civil: *princípio de continuidade e de sucessão; princípio de homogeneização; princípio de fracionamento e de sequência*. A bem da verdade, a fissura, fundamental, de uma tal dedução irracional surge na junção do elã vital com o elã pessoal, que exige, parece-nos, a imisção de um dado intencional concreto, absolutamente desconhecido aqui.

A tentativa, nem mesmo disfarçada, de fazer surgir de uma pura intuição existencial tanto o *supereu* quanto o *inconsciente* da psicanálise, "níveis" incontestavelmente ligados ao relativismo social da personalidade, nos parece um desafio. Ela surge como o fato de uma espécie de *autismo* filosófico, cuja expressão deve ser apreendida aqui como um dado fenomenologicamente analisável, tal como podem ser os grandes sistemas da filosofia clássica. A exclusão de todo *saber* fora da realidade vivida da duração, a gênese formal da primeira certeza empírica na ideia da morte, da primeira lembrança no remorso e da primeira negação na lembrança, são outras tantas intuições prestigiosas, que expressam melhor os momentos mais elevados de uma espiritualidade intensa do que os dados imanentes ao tempo que "se" [*l'on*] vive.

Aludimos, aqui, a uma das referências familiares da filosofia do sr. Heidegger e, certamente, os dados já respiráveis através do filtro de uma língua abstrusa e da censura internacional dessa filosofia nos deram exigências que, aqui, são pouco satisfeitas. O sr. Minkowski, em uma nota à página 16, testemunha que ignorava o pensamento desse autor, quando o seu pensamento já havia tomado sua forma decisiva. Pode-se lamentar, em razão da situação excepcional em que a sua dupla cultura o situava (já que ele escreveu, ele insiste nisso aqui, seus primeiros trabalhos em alemão), o fato de não lhe dever a introdução, no pensamento francês, do enorme trabalho de elaboração adquirido nos últimos anos pelo pensamento alemão.

Assim como um desconhecimento menos sistemático de Freud não teria censurado do grupo de suas intuições fundamentais a *resistência*, assim também os próprios aspectos

Psicologia e estética

primários do ensino de Heidegger o teriam convidado a nele admitir também o *tédio*, pelo menos a não o rejeitar de saída nos fenômenos negativos. As considerações muito sedutoras sobre o esquecimento, concebido como caráter fundamental do fenômeno do passado, também nos parecem se opor muito sistematicamente aos dados clínicos mais bem estabelecidos pela psicanálise. Por fim, a noção de *promessa*, pivô real da personalidade que deve apresentar-se como sua garantia, nos parece aqui demasiadamente desconhecida, assim como demasiado absoluta para autenticar o *elã pessoal* apenas pela imprevisibilidade e pelo desconhecido irredutível de seu objeto.

Tantos partidarismos nos valem, no entanto, análises parciais por vezes admiráveis. A concepção original da expectativa como a antítese autêntica da atividade (em vez da passividade, "como a quereria nossa razão") é engenhosa e comandada pelo sistema. A estrutura fenomenológica do desejo é claramente evidenciada no grau mediato das relações do futuro. Uma obra-prima de penetração nos é finalmente oferecida na análise da prece: e, sem dúvida, essa é a chave do livro, livro do espiritual, cuja efusão se expande inteiramente no diálogo que não poderia se expressar fora do segredo da alma. Que nenhuma inquisição dogmática tente rastrear seus postulados: das questões sobre a natureza do interlocutor, ele responderá tanto àquelas sobre o sentido da vida, quanto àquelas sobre o sentido da morte: "Há problemas que demandam ser vividos como tais, sem que sua solução consista em uma fórmula precisa" (p. 103) e "Eu quase gostaria de dizer: se realmente não há nada após a morte, isso permanece verdadeiro apenas enquanto se guardar essa verdade em si mesma, que se a guarde ciumentamente no fundo de seu ser".

Estamos, aqui, em plena confidência: essas confidências são, no entanto, confissões. Numa época em que o espírito humano se compraz em afirmar as determinações que ele constantemente projeta sobre o futuro não na forma aqui desacreditada de previsão, mas na forma animadora do *programa* e do *plano*, esse redobramento "ciumento" diferencia uma atitude vital. Ela não poderia, porém, ser radicalmente individual, e o confidencial, no capítulo seguinte, revela-se confessional: o rastro radicalmente evanescente da *ação ética* na trama do devir, a assimilação do *mal* à *obra* nos remetem aos arcanos da meditação de um Lutero e de um Kant. Quem sabe, talvez mais longe, aonde o autor nos levará? A alma última desse longo hino ao amor, que o olho iluminado "espreita" sem cessar, desse longo apelo ao "agir ousadamente" que retorna a cada página, desse enigma acarinhado: "Se soubéssemos o que quer dizer elevar-se acima!" (p. 87 et passim) — essa alma última nos é dada pelo elã que anima todo o livro, se, por fim, conseguirmos apreendê-lo com uma só olhada.

Com efeito, não é um dos menores paradoxos desse longo esforço de desespacializar do tempo, sempre falsificado pela medida, que ele só possa prosseguir através de uma longa série de metáforas espaciais: *desdobramento*, caráter *superindividual*, *dimensão em profundidade* (p. 12), *expansão* (p. 76), *vazio* (p. 78), *mais longe* (p. 88), *raios de ação* (p. 88) e, sobretudo, *horizonte* da prece (pp. 95ss). O paradoxo desconcerta e irrita até que o capítulo final nos dê a ver sua chave, sob a forma da intuição, a mais original desse livro, embora apenas iniciada, a seu termo, aquela de um outro espaço que não o espaço geométrico, a saber, oposto ao espaço claro, âmbito

Psicologia e estética

da objetividade, o *espaço negro* do tateio, da alucinação e da música. Comparemo-lo com os gritos espantosos como este: "Uma prisão, mesmo que se confunda com o universo, é-me intolerável" (p. 56). É à "noite dos sentidos", é à noite escura do místico, que acreditamos poder dizer, sem abusos, que a ela somos levados.

A ambição, aqui a princípio enigmática para o leitor, revela-se, ao ser examinada, como sendo a da ascese; a ambiguidade da obra, aquela do objeto sem nome do conhecimento unitivo.

Alucinações e delírios

Síntese da obra de Henry Ey, *Hallucinations et délires*,
publicada em *Évolution psychiatrique*, 1935

UM VASTO PÚBLICO NÃO DEIXA de suspeitar que, na França, a
pouca abrangência dos círculos onde se procede à pesquisa
psiquiátrica viva não pode ser atribuída apenas às necessidades propedêuticas e ao esoterismo técnico, legitimados pelas exigências de uma nova ordem do conhecimento. Pelo
contrário, trata-se de um traço demasiado singular em relação à atividade manifestada em outros países para que não
possamos procurar a sua causa nas contingências culturais
e sociais, aliás bastante claras, caso contrário seria preciso
promovê-lo à dignidade de um fenômeno positivo: a saber e
em termos próprios, uma penúria de inspiração. O público
convencer-se-á de que não é nada disso, ao tomar contato,
através desse livrinho feito para uso próprio, com um espírito
cuja produção, fragmentada em artigos e colaborações, até
agora só permitia a iniciados conhecer sua importância e sua
originalidade.

Henri Ey não quis dar aqui um resumo de suas pesquisas sobre a alucinação. A imensidão e a heterogeneidade desse problema impuseram-lhe um programa metódico de investiga-

ção e de exposição, cujo desenvolvimento em seus trabalhos anteriores continuou com uma rara coerência. O conjunto está longe de ter sido concluído. Esse novo trabalho é apenas um momento, mas tanto pelo método de pesquisa quanto pelos fundamentos teóricos adotados pelo autor no campo já percorrido ele tem um valor exemplar. É que os fenômenos alucinatórios aqui estudados realizam, por suas propriedades, um verdadeiro caso de demonstração para o pensamento do autor. São, com efeito, as *alucinações* psicomotoras isoladas por Séglas em 1888.

Antes do trabalho que estamos analisando, é notável constatar, com Henri Ey e de acordo com a observação liminar que essa análise nos inspirou, que a "história das ideias sobre alucinações psicomotoras começa e se detém em Seglas". Isso não quer dizer que ela tenha estagnado numa estereotipia professoral: a evolução profundamente subversiva das teorias de Séglas mostra-nos, pelo contrário, a maravilha de uma mente que não apenas soube "ver o fato novo" (o que não poderia se dar sem uma primeira elaboração teórica), mas que também, no comércio de predileção que ele mantém com o objeto de sua descoberta, remaneja por etapas e quase a despeito de si o quadro mental em que ele foi primeiro percebido. Tocamos, aqui, em um belo exemplo dessa transmutação recíproca do objeto e do pensamento, que a história das ciências nos mostra ser idêntica ao próprio progresso do conhecimento.

Alucinações e delírios

H. Ey nos mostra, primeiro, as etapas do pensamento de Séglas. Ele culmina em um artigo com Barat, em 1913, e numa conferência de forma acabada em 1914, em que H. Ey reconhece todo o essencial de sua própria posição e da qual seu trabalho não quer ser senão seu desenvolvimento. Essa filiação recebe, aqui, a sanção do próprio mestre, que, desde então recluso em sua aposentadoria, dela saiu para generosamente prefaciar esse livro.

A substância deste último atesta o valor desse conhecimento histórico das noções, ao qual Ey gosta de se apegar. Esse conhecimento, fecundo em todas as ciências, é ainda mais fecundo em psiquiatria. Seria inútil querer lhe opor a realidade clínica à qual ele serve para conhecer, ou, pior ainda, os empreendimentos primários e confusos que passam, em psiquiatria, por pesquisas experimentais, talvez porque ali floresçam em grande número aqueles que, em qualquer disciplina experimental autêntica, seriam relegados ao nível de pulhas [*goujats*] de laboratório.

A alucinação psicomotora permite situar com um alívio especial, e também resolver com uma certeza particular, o problema que H. Ey colocou no centro de seus trabalhos sobre a alucinação: a alucinação é o parasita que desorganiza a vida mental, o automatismo de baixo nível que, segundo uma concepção elementar como a de Clérambault ou muito sutil como a de Mourgue, simula a percepção. É ela, em suma, o objeto situado no cérebro que se impõe ao sujeito como um objeto externo? Ou então a alucinação é a organização da crença, parte das relações conturbadas entre o ser vivo e o mundo externo, cuja objetivação ele nunca alcança tanto, uma vez que ela permanece sustentada por seu alcance vital? É ela, enfim, a afirmação de realidade pela qual o sujeito perturbado defende sua nova objetividade?

A alucinação psicomotora, de fato, aparece primeiro — e tem aparecido, historicamente — como contendo em seu próprio modo um "poderoso fator de desdobramento da personalidade". Por outro lado, o caráter muitas vezes observável de seu fenômeno, já que é motor, parecia ser a garantia da objetividade do automatismo suposto causal.

Mas as contradições de uma tal concepção aparecem muito rapidamente e não menos em função da forma própria da alucinação psicomotora.

Em primeiro lugar, contradição fenomenológica que se manifesta nas primeiras classificações, ao fazer formular como o mais alucinatório o fenômeno mais real (monólogo — impulsos verbais). Contradição clínica, em seguida, sobre a qual os partidários da "observação pura" fariam bem em meditar sobre o quanto ela responde, no momento certo, a uma concepção incoerente da essência do fenômeno: os doentes, por

Alucinações e delírios 127

um lado, afirmam seu "desdobramento", com mais convicção ainda, uma vez que o fenômeno parece ao observador menos automático e mais carregado de significação afetiva, como se vê no início da maioria dos fenômenos de influência. Por outro lado, quando durante os estados terminais eles aparecem como a presa dos automatismos verbais (monólogos incoercíveis, glossomania), o fenômeno alucinatório desaparece ou é substituído por uma atitude de jogo.

Consequentemente, o traço essencial da alucinação psicomotora, quer se trate de alucinação verdadeira ou pseudoalucinação, não deve ser buscado no automatismo, admitido como real nos dizeres do doente, na pretensa imagem cinestésica verbal, mas sim na perturbação do sentimento fundamental de integração à personalidade — sentimento de automatismo e sentimento de influência —, por meio da qual um movimento real, fonatório ou sinérgico da fonação é colorido com o tom de um fenômeno vivenciado como estranho, ou então como forçado. Quanto ao "poderoso fator de desdobramento da personalidade", ele se encontra não em uma cinestesia perturbada, mas na própria estrutura da função da linguagem, em sua fenomenologia sempre marcada por uma dualidade, quer se trate do comando, da deliberação ou do relato.

Esse é o movimento crítico que unifica os diversos capítulos nos quais, na primeira parte da obra, H. Ey distribui os riquíssimos conhecimentos que fundamentam sua argumentação: a Introdução, que reproduz em seu lugar dialético a crítica geral sobre a noção de automatismo em psicopatologia, que os leitores de *Évolution Psychiatrique* puderam ler no n. 3

do ano de 1932; a apresentação do progresso teórico do pensamento de Séglas, que tem o valor de uma experiência clínica privilegiada; a lembrança da revolução científica atualmente adquirida, no que diz respeito à psicologia da imagem e das suas repercussões na teoria do movimento e na da linguagem; a semiologia das alucinações psicomotoras; a redução analítica destas em fenômenos forçados e em fenômenos estranhos; a redução genética aos sentimentos de influência e de automatismo e às condições destes.

No entanto, essa primeira parte só ganha todo o seu alcance depois do conhecimento da segunda. Nesta, de fato, H. Ey reintegra a alucinação psicomotora nas estruturas mentais e nos comportamentos delirantes, dos quais ele demonstrou que ela não pode ser separada. Ele designa na própria evolução dos delírios os estágios eletivos de seu aparecimento e especifica concretamente o grau de relaxamento e a parte de integridade da personalidade que são exigíveis para que o fenômeno se produza. Por fim, ele tenta dar uma classificação natural dos tipos clínicos em que ele se encontra, ao mesmo tempo que enumera um certo número de tipos etiológicos.

A nosso ver, essa é a parte mais preciosa do livro e não podemos senão remeter o leitor a ela, para que ele se beneficie da riquíssima experiência do doente ali demonstrada.

Enfim, se, de fato, tudo converge nesse livro para a realidade do doente, é porque tudo parte daí. "É no contato com

Alucinações e delírios

os doentes alienados que conseguimos adquirir", escreve o autor, "algumas ideias sobre as alucinações. Se esse é um método prejudicial à compreensão de tais fenômenos, é claro que, viciados em seu germe, todos os nossos estudos não significam estritamente nada."

H. Ey sabe quais as questões que se apresentam ao psicólogo e ao fisiologista, a natureza e as condições da *estesia* alucinatória, o valor e o mecanismo de suas características de *exterioridade*. É por isso que ele sabe, também, que elas não podem resolver o problema da *realidade* alucinatória em nossos doentes.

É paradoxal — e, para dizer a verdade, bastante cômico — ver aqueles mesmos que se dizem da pura clínica considerarem como dadas, no início do problema da alucinação, precisamente as qualidades psicológicas mais incertas em seu conteúdo, e as fundamentarem nas afirmações dos doentes aceitas em estado bruto. Esses pretensos clínicos tornam-se, assim, abstratores do delírio e são levados a desconhecer uma quantidade de traços significativos do comportamento do doente e da evolução da doença. A mera bastardia da entidade nosológica da psicose alucinatória crônica (atualmente ainda utilizada nos meios obsoletos) bastaria para demonstrá-lo. Pelo desmembramento clinicamente muito satisfatório que H. Ey faz dessa entidade, ele demonstra que não há uma clínica saudável sem uma crítica saudável da hierarquia dos fenômenos. Por razões idênticas às próprias condições do conhecimento, aqueles que alegam desconhecer tal crítica não conseguem prescindir dela; seja como for, eles recorrem a uma certa crítica, mas viciosa.

Patologia da crença, essa é, portanto, a essência dos delírios alucinatórios crônicos. A ambiguidade apresentada tanto pela *estesia* quanto pela *exterioridade* na alucinação psicomotora tornou-a, para o sr. Ey, um caso particularmente favorável à demonstração de que o caráter essencial da alucinação é a crença em sua *realidade*.

A soma de erros que essa obra tende a dissipar justifica sua orientação polêmica. Nossa aprovação pode, talvez, ter nos feito enfatizar seu tom em nossa análise. Essa é uma interpretação deliberada de nossa parte, e que nos retira todo o direito de buscar uma querela com o autor almejando que ele tivesse se estendido mais sobre dois pontos positivos de sua apresentação. O primeiro diz respeito ao mecanismo criador da alucinação psicomotora: é a dupla ligação fenomenológica que parece aí se demonstrar, por um lado, entre a crença em sua exterioridade e o déficit de pensamento que se manifesta em seu quadro; por outro, entre a crença em sua validade e a emoção estênica que a acompanha. Talvez o autor estabelecesse melhor essas ligações se tivesse tocado no problema dos automatismos gráficos, com os quais nós mesmos tivemos a oportunidade de nos chocarmos. O segundo ponto concerne à noção de estrutura mental que acalentamos, que faz a unidade de cada forma de delírio crônico e caracteriza tanto suas

Alucinações e delírios

manifestações elementares quanto o conjunto de seu comportamento. Seu uso sistemático na descrição dos diferentes tipos de delírios aqui relatados talvez tivesse conduzido, na maioria deles, a dissolver mais completamente a alucinação psicomotora na mentalidade delirante.

TRADUÇÃO

"Alguns mecanismos neuróticos no ciúme, na paranoia e na homossexualidade", de S. Freud

Tradução do artigo de Freud "Über einige neurotische Mechanismen bei Eifersucht, Paranoia und Homosexualität", publicado em *Revue Française de Psychanalyse*, 1932

A) *O ciúme* é da alçada daqueles estados afetivos que podem ser classificados, como o fazemos com a tristeza, como estados normais. Quando ele parece faltar no caráter e na conduta de um homem, podemos justificadamente concluir que ele sucumbiu a um forte recalque e desempenha na vida inconsciente um papel ainda maior. Os casos de ciúme anormalmente reforçado, com os quais a análise tem de lidar, mostram-se triplamente estratificados. Esses três fundamentos ou graus do ciúme merecem as denominações de:

1) ciúme *de concorrência* ou ciúme normal;

2) ciúme *de projeção*;

3) ciúme *delirante*.

Sobre o ciúme normal, há pouco a dizer do ponto de vista da análise. É fácil ver que, essencialmente, ele se compõe da tristeza ou da dor de acreditar perdido o objeto amado, e da ferida narcísica, uma vez que essa se deixa isolar da precedente; estende-se também aos sentimentos de hostilidade

TRADUCTION

"De quelques mécanismes névrotiques dans la jalousie, la paranoïa et l'homosexualité", S. Freud

Traduction de l'article de Freud « Über einige neurotische Mechanismen bei Eifersucht, Paranoia und Homosexualität», parue dans la *Revue française de psychanalyse*, 1932

A) *La jalousie* ressortit à ces états affectifs que l'on peut classer, comme on le fait pour la tristesse, comme états normaux. Quand elle paraît manquer dans le caractère et la conduite d'un homme, on est justifié à conclure qu'elle a succombé à un fort refoulement, et en joue dans la vie inconsciente un rôle d'autant plus grand. Les cas de jalousie anormalement renforcée, auxquels l'analyse a affaire se montrent triplement stratifiés. Ces trois assises ou degrés de la jalousie méritent les dénominations de :

1) jalousie *de concurrence* ou jalousie normale ;

2) jalousie *de projection*;

3) jalousie *délirante*.

Sur la jalousie normale, il y a peu à dire du point de vue de l'analyse. Il est facile de voir qu'essentiellement elle se compose de la tristesse ou douleur de croire perdu l'objet aimé, et de la blessure narcissique, pour autant que celle-ci se laiss eisoler de la précédente ; elle s'étend encore aux sentiments

133

contra o rival preferido e, em maior ou menor medida, à autocrítica que quer imputar ao próprio eu [*moi*] do sujeito a responsabilidade pela perda amorosa. Esse ciúme, ainda que o chamemos de normal, nem por isso é, de forma alguma, racional, quero dizer, oriundo de situações atuais, comandado pelo eu consciente em função de relações reais e unicamente por ele. De fato, ele se enraíza profundamente no inconsciente, prolonga as primeiríssimas tendências da afetividade infantil e remonta ao complexo de Édipo e ao complexo fraterno, que são do primeiro período sexual. Resta muito digno de nota o fato de ele ser vivido por muitas pessoas sob um modo bissexual, quero dizer que, no homem, à parte da dor a respeito da mulher amada e do ódio contra o rival masculino, também uma tristeza, que é devida a um amor inconsciente pelo homem e a um ódio contra a mulher vista como rival, age nele para reforçar o sentimento. Conheço um homem que sofria muito com seus acessos de ciúme e que, segundo o seu dizer, atravessava seus mais duros tormentos em uma substituição imaginativa consciente da mulher infiel. A sensação que ele experimentava então de estar privado de todo e qualquer recurso, as imagens que encontrava para seu estado retratando-se como entregue, tal como Prometeu, à voracidade do abutre, ou lançado acorrentado em um ninho de serpentes, ele próprio as relacionava com a impressão deixada por muitas agressões homossexuais, as quais havia sofrido quando ainda menino, muito jovem.

O ciúme de segundo grau, ciúme de projeção, provém, tanto no homem quanto na mulher, da própria infidelidade do sujeito realizada na vida, ou então de impulsos à infidelidade que caíram no recalque. É um fato de experiência cotidiana

Tradução: "Alguns mecanismos neuróticos no ciúme ..."

d'hostilité contre le rival préféré, et, dans une mesure plus ou moins grande, à l'autocritique qui veut imputer au propre moi du sujet la responsabilité de la perte amoureuse. Cette jalousie, pour normale que nous la dénommions, n'est pour cela nullement rationnelle, je veux dire issue de situations actuelles, commandée par le moi conscient en fonction de relations réelles et uniquement par lui. Elle prend, en effet, sa racine profonde dans l'inconscient, prolonge les toutes primes tendances de l'affectivité infantile, et remonte au complexe d'OEdipe et au complexe fraternel, qui sont de la première période sexuelle. Il reste très digne de remarque qu'elle soit vécue par maintes personnes sous un mode bisexuel, je veux dire chez l'homme, qu'à part la douleur au sujet de la femme aimée et la haine contre le rival masculin, une tristesse aussi, qui tient à un amour inconscient pour l'homme, et une haine contre la femme, vue comme rivale, agissent en lui pour renforcer le sentiment. Je sais un homme qui souffrait très fort de ses accès de jalousie, et qui, selon son dire, traversait ses tourments les plus durs dans une substitution imaginative consciente à la femme infidèle. La sensation qu'il éprouvait alors d'être privé de tout recours, les images qu'il trouvait pour son état, se dépeignant comme livré, tel Prométhée, à la voracité du vautour, ou jeté enchaîné dans un nid de serpents, lui-même les rapportait à l'impression laissée par plusieurs agressions homosexuelles, qu'il avait subies, tout jeune garçon.

La jalousie du second degré, jalousie de projection, provient chez l'homme comme chez la femme, de l'infidélité propre du sujet, réalisée dans la vie, ou bien d'impulsions à l'infidélité qui sont tombées dans le refoulement. C'est un fait

que a fidelidade, sobretudo aquela exigida no casamento, só se mantém à custa de uma luta contra as tentações constantes. Aquele mesmo que as nega em si sente, no entanto, sua pressão com uma tal força que estará inclinado a adotar um mecanismo inconsciente para se aliviar. Ele conseguirá esse alívio, quero dizer, a absolvição de sua consciência, projetando seus próprios impulsos de infidelidade na parte oposta, a quem ele deve fidelidade. Esse motivo poderoso pode então valer-se dos dados imediatos da observação que denunciam as tendências inconscientes do mesmo tipo da outra parte, e encontraria ainda com o que se justificar por meio da reflexão de que o/a parceira, com toda a probabilidade, não vale muito mais do que a própria pessoa.*

Os costumes sociais puseram em ordem esse comum estado de coisas com muita sabedoria, deixando uma certa margem ao gosto de agradar da mulher casada e à tendência de conquista do marido. Por meio dessa licença, tende-se a drenar a irreprimível tendência à infidelidade e a torná-la inofensiva. A convenção estabelece que as duas partes não devem, mutuamente, levar em conta esses pequenos pulinhos na vertente da infidelidade, e, na maioria das vezes, acontece que o desejo que se inflamou por um objeto estranho se sacie, em um retorno ao remanso da fidelidade junto ao objeto que é o seu. Mas o ciumento não quer reconhecer essa tolerância convencional, ele não acredita que, uma vez tomada essa via, haja uma parada ou um retorno. Nem que esse jogo de

---

* Comparar com essa estrofe do canto de Desdêmona: "Chamei meu amor de falso amor; mas o que ele disse então? Se eu cortejar mais mulheres, tu te deitarás com mais homens".

Tradução: "Alguns mecanismos neuróticos no ciúme ..."

d'expérience quotidienne, que la fidélité, surtout celle qu'on exige dans le mariage, ne se maintienne qu'au prix d'une lutte contre de constantes tentations. Celui-là même qui en soi les nie, ressent pourtant leur pression avec une telle force, qu'il sera enclin à adopter un mécanisme inconscient pour se soulager. Il atteindra ce soulagement, j'entends l'absolution de sa conscience, en projetant ses propres impulsions à l'infidélité sur la partie opposée, à qui il doit fidélité. Ce motif puissant peut alors se servir des données immédiates de l'observation qui trahissent les tendances inconscientes de même sorte de l'autre partie, et trouverait encore à se justifier par la réflexion que le ou la partenaire, selon toute vraisemblance, ne vaut pas beaucoup plus que l'on ne vaut soi-même*.

Les usages sociaux ont mis ordre à ce commun état de choses avec beaucoup de sagesse, en laissant un certain champ au goût de plaire de la femme mariée et au mal de conquête du mari. Par cette licence, on tend à drainer l'irrépressible tendance à l'infidélité et à la rendre inoffensive. La convention établit que les deux parties n'ont pas mutuellement à se tenir compte de ces menus entrechats sur le versant de l'infidélité, et il arrive le plus souvent que le désir qui s'enflamma à un objet étranger s'assouvisse, dans un retour au bercail de la fidélité, près de l'objet qui est le sien. Mais le jaloux ne veut pas reconnaître cette tolérance conventionnelle, il ne croit pas qu'il y ait d'arrêt ni de retour dans cette voie une fois prise. Ni que ce jeu de société, qu'est le « flirt » même, puisse

---

* Comparez cette strophe du chant de Desdémone : « Je l'appelais trompeur ? Que dit-il à cela ? Si je regarde la fille, tu lorgnes vers le garçon ».

sociedade que é o próprio "flerte" possa ser uma garantia contra a realização da infidelidade. No tratamento de um tal ciumento, devemos nos abster de discutir os dados de fato nos quais ele se apoia; podemos apenas visar a fazer com que ele os aprecie de maneira diferente.

O ciúme que se origina de uma tal projeção já tem um caráter quase delirante, mas ele não se opõe ao trabalho analítico que revelará os fantasmas inconscientes, próprios à infidelidade do sujeito.

Com o ciúme do terceiro tipo, o ciúme verdadeiramente delirante, é pior. Ele também provém de tendências reprimidas à infidelidade, mas os objetos de seus fantasmas são de natureza homossexual. O ciúme delirante responde a uma homossexualidade azedada e tem seu lugar completamente designado entre as formas clássicas de paranoia. Tentativa de defesa contra uma tendência homossexual demasiadamente forte, ela poderia (no homem) deixar-se circunscrever por esta fórmula: Eu não o amo, *é ela* quem o ama.*

Em um dado caso de delírio de ciúme, deve-se esperar ver o ciúme se originar do conjunto desses três fundamentos, nunca apenas do terceiro.

B) *A paranoia*. Por razões conhecidas, os casos de paranoia subtraem-se, muito frequentemente, ao exame analítico. No entanto, nesses últimos tempos pude extrair do estudo intensivo de dois paranoicos alguma coisa que era nova para mim.

---

* Comparar com os elementos do caso Schreber: "Notas psicanalíticas sobre um relato autobiográfico de um caso de paranoia (*Dementia Paranoides*)", *Edição standard brasileira das obras psicológicas completas de Sigmund Freud*, v. xii. Rio de Janeiro: Imago, (1911)1969.

Tradução: "Alguns mecanismos neuróticos no ciúme ..."

être une assurance contre la réalisation de l'infidélité. Dans le traitement d'un tel jaloux on doit se garder de discuter les données de fait sur lesquelles il s'appuie ; on ne peut viser qu'à le déterminer à les apprécier autrement.

La jalousie qui tire origine d'une telle projection a déjà presque un caractère délirant, mais elle ne s'oppose pas au travail analytique qui révélera les fantasmes inconscients, propres à l'infidélité du sujet lui-même.

Il en va moins bien de la jalousie de la troisième espèce, jalousie véritablement délirante. Elle aussi vient de tendances réprimées à l'infidélité, mais les objets de ses fantasmes sont de nature homosexuelle. La jalousie délirante répond à une homosexualité « tournée à l'aigre », et a sa place toute désignée parmi les formes classiques de la paranoïa. Essai de défense contre une trop forte tendance homosexuelle, elle pourrait (chez l'homme) se laisser circonscrire par cette formule : Je ne l'aime pas lui, c'est *elle* qui l'aime*.

Dans un cas donné de délire de jalousie, il faut s'attendre à voir la jalousie tirer sa source de l'ensemble de ces trois assises, jamais seulement de la troisième.

B) *La paranoïa*. Pour des raisons connues, les cas de paranoïa se soustraient le plus souvent à l'examen analytique. Cependant, j'ai pu ces derniers temps tirer de l'étude intensive des deux paranoïaques quelque chose qui était pour moi nouveau.

---

* Rapprocher les éléments du cas Schreber : « Remarques psychanalytiques sur la description autobiographique d'un cas de paranoïa (démence paranoïde) », [recueilli dans le vol. VIII des *OEuvres complètes*]. (Trad. française de Marie Bonaparte et R. Loewenstein, *Revue française de psychanalyse*, tome V, no 1).

O primeiro caso foi o de um homem jovem que apresentava, plenamente desabrochada, uma paranoia de ciúme cujo objeto era sua esposa, de uma fidelidade acima de qualquer reprovação. Ele saía então de um período tempestuoso, no qual fora dominado por seu delírio sem remissão. Quando o atendi, ele apresentava acessos ainda muito isolados que duravam vários dias e, ponto interessante, começavam regularmente no dia seguinte a um ato sexual, que acontecia, aliás, com satisfação de ambas as partes. Temos o direito de concluir disso que, a cada vez, após a saciedade da libido heterossexual, o componente homossexual despertado com ela encontrava sua expressão através do acesso de ciúme.

O doente extraía os fatos, de cujos dados se valia seu acesso, da observação dos menores sinais pelos quais o coquetismo plenamente inconsciente da mulher se denunciava a ele, ali onde ninguém mais teria visto nada. Ora ela roçara inadvertidamente a mão no cavalheiro ao lado dela, ora inclinara demasiadamente o rosto para ele e lhe dirigira um sorriso mais familiar do que se estivesse sozinha com seu marido. Para todas essas manifestações de seu inconsciente, ele mostrava uma atenção extraordinária e pretendia interpretá-las com rigor, de tal modo que, para dizer a verdade, ele tinha sempre razão e ainda podia recorrer à análise para confirmar seu ciúme. Na verdade, sua anomalia se reduzia ao fato de que ele fazia uma observação demasiado aguda sobre o inconsciente de sua esposa e de que atribuía a isso muito mais importância do que ocorreria a qualquer outro.

Lembremos que os paranoicos perseguidos se comportam de maneira totalmente análoga. Eles também não reconhecem nada de indiferente nos outros e, em seu "delírio de

Tradução: "Alguns mecanismos neuróticos no ciúme ..." 141

Le premier cas fut celui d'un jeune homme qui présentait, pleinement épanouie, une paranoïa de jalousie, dont l'objet était son épouse d'une fidélité au-dessus de tout reproche. Il sortait alors d'une période orageuse, dans laquelle il avait été dominé sans rémission par son délire. Lorsque je le vis, il présentait des accès encore bien isolés qui duraient plusieurs jours, et, point intéressant, débutaient régulièrement le lendemain d'un acte sexuel, qui se passait d'ailleurs à la satisfaction des deux parties. On est en droit d'en conclure qu'à chaque fois, après que fut assouvie la libido hétérosexuelle, la composante homosexuelle, réveillée avec elle, se frayait son expression par l'accès de jalousie.

Le malade tirait les faits dont prenait donnée son accès, de l'observation des plus petits signes par où la coquetterie pleinement inconsciente de la femme s'était trahie pour lui, là où nul autre n'eût rien vu. Tantôt elle avait frôlé de la main par mégarde le monsieur qui était à côté d'elle, tantôt elle avait trop penché son visage vers lui et lui avait adressé un sourire plus familier que si elle était seule avec son mari. Pour toutes ces manifestations de son inconscient il montrait une attention extraordinaire et s'entendait à les interpréter avec rigueur, si bien qu'à vrai dire il avait toujours raison et pouvait encore en appeler à l'analyse pour confirmer sa jalousie. En vérité, son anomalie se réduisait à ce qu'il portait sur l'inconscient de sa femme une observation trop aiguë et qu'il y attachait beaucoup plus d'importance qu'il ne serait venu à l'idée de tout autre.

Souvenons-nous que les paranoïaques persécutés se comportent de façon tout à fait analogue. Eux aussi ne reconnaissent chez autrui rien d'indifférent et, dans leur « délire

relação", solicitam os menores indícios que os outros, os estranhos, lhes dão. O sentido desse delírio de relação é precisamente que eles esperam, de todos os estranhos, alguma coisa como amor, mas os outros não lhes mostram nada disso, eles troçam em sua presença, brandem suas bengalas e cospem no chão à sua passagem e, realmente, isso é o que não se faz quando se tem o menor interesse amigável pela pessoa que está por perto. Ou então só se faz isso quando essa pessoa lhe é completamente indiferente, quando se pode tratá-la como o ar ambiente, e o paranoico não está tão errado quanto ao intrínseco parentesco entre os conceitos de "estranho" e de "hostil", ao sentir uma tal indiferença em resposta à sua exigência amorosa, sob a forma de uma hostilidade.

Suspeitamos, agora, que nossa descrição do comportamento dos paranoicos, tanto do ciumento quanto do perseguido, talvez seja insuficiente, quando dizemos que eles projetam para fora, nos outros, o que se recusam a ver em seu próprio foro interior.

Isso é certamente o que eles fazem, mas por meio desse mecanismo eles não lançam, por assim dizer, nada no ar, eles não criam nada ali onde não há nada, muito ao contrário, eles se deixam guiar por seu conhecimento do inconsciente, deslocando para o inconsciente dos outros essa atenção que eles subtraem do seu próprio. Quando nosso ciumento reconhece a inconstância de sua esposa, ele substitui a sua pela dela; ao tomar consciência dos sentimentos desta, deformados e monstruosamente amplificados, ele consegue manter inconscientes aqueles que lhe retornam. Tomando o seu exemplo como típico, concluiremos que a hostilidade que o perseguido descobre nos outros é também apenas o reflexo dos

de relation », sollicitent les plus petits indices que leur livrent les autres, les étrangers. Le sens de ce délire de relation est précisément qu'ils attendent de tous les étrangers quelque chose comme de l'amour, mais les autres ne leur montrent rien de pareil, ils se gaussent en leur présence, brandissent leurs cannes et crachent aussi bien par terre sur leur passage, et réellement c'est là ce qu'on ne fait pas lorsqu'on prend à la personne qui est dans le voisinage le moindre intérêt amical. Ou alors, on ne fait cela que lorsque cette personne vous est tout à fait indifférente, lorsqu'on peut la traiter comme l'air ambiant, et le paranoïaque n'a, quant à la parenté foncière des concepts d'« étranger » et d'« hostile », pas si grand tort, en ressentant une telle indifférence, en réponse à son exigence amoureuse, à la façon d'une hostilité.

Nous soupçonnons maintenant qu'est peut-être insuffisante notre description de la conduite des paranoïaques, tant du jaloux que du persécuté, quand nous disons qu'ils projettent au-dehors sur autrui ce qu'ils se refusent à voir dans leur for intérieur.

Certes, c'est ce qu'ils font, mais par ce mécanisme ils ne projettent, pour ainsi dire, rien en l'air, ils ne créent rien là où il n'y a rien, bien plutôt se laissent-ils guider par leur connaissance de l'inconscient, en déplaçant sur l'inconscient d'autrui cette attention qu'ils soustraient au leur propre. Que notre jaloux reconnaisse l'inconstance de sa femme, il la substitue à la sienne ; en prenant conscience des sentiments de celle-ci, déformés et monstrueusement amplifiés, il réussit à maintenir inconscients ceux qui lui reviennent. En prenant son exemple pour typique, nous conclurons que l'hostilité, que le persécuté découvre chez les autres, n'est aussi que le reflet de

seus próprios sentimentos hostis para com eles. Ora, sabemos que, no paranoico, é justamente a pessoa de seu sexo que ele mais amava que se transforma em perseguidor; a partir daí, surge a questão de saber de onde brota essa inversão afetiva, e a resposta que nos é oferecida seria que a ambivalência do sentimento, sempre presente, fornece a base do ódio e que a pretensão de ser amado, por falta de ser preenchida, a reforça. Assim, a ambivalência de sentimento presta ao perseguido o mesmo serviço para se defender de sua homossexualidade que o ciúme presta ao nosso paciente.

Os sonhos de meu ciumento reservavam-me uma grande surpresa. Para dizer a verdade, eles nunca se mostravam simultaneamente à explosão do acesso, e sim ainda sob o golpe do delírio; eles estavam completamente livres de elemento delirante e deixavam reconhecer as tendências homossexuais subjacentes sob um disfarce não menos identificável do que seria comum, em outras circunstâncias. Em minha modesta experiência com os sonhos dos paranoicos, eu já não estava longe de admitir que a paranoia não penetra no sonho.

O estado de homossexualidade se apreende, nesse paciente, à primeira vista. Ele não cultivara nem amizade nem interesse social algum; impunha-se a impressão de um delírio sobre o qual recairia a tarefa da evolução de suas relações com o homem, como se para permitir-lhe recuperar uma parte do que ele deixara de realizar. A tênue importância do pai em sua família e um trauma homossexual humilhante em seus primeiros anos de menino concorreram para reduzir sua homossexualidade ao recalque e barrar-lhe o caminho para a sublimação. Toda a sua juventude foi dominada por um forte apego à mãe. Dos vários filhos, ele era o queridinho declarado de sua mãe e

Tradução: "Alguns mecanismos neuróticos no ciúme ..."

ses propres sentiments hostiles à leur égard. Or, nous savons que, chez le paranoïaque, c'est justement la personne de son sexe qu'il aimait le plus, qui se transforme en persécuteur ; dès lors surgit le point de savoir d'où surgit cette interversion affective, et la réponse qui s'offre à nous serait que l'ambivalence toujours présente du sentiment fournit la base de la haine, et que la prétention à être aimé, faute d'être comblée, la renforce. Ainsi, l'ambivalence du sentiment rend au persécuté le même service pour se défendre de son homosexualité que la jalousie à notre patient.

Les rêves de mon jaloux me réservaient une grande surprise. À vrai dire, ils ne se montraient jamais simultanément avec l'explosion de l'accès, mais pourtant encore sous le coup du délire ; ils étaient complètement purs d'élément délirant, et laissaient reconnaître les tendances homosexuelles sous-jacentes sous un déguisement non moins pénétrable qu'il n'était habituel autrement. Dans ma modeste expérience des rêves des paranoïaques, je n'étais dès lors pas loin d'admettre que la paranoïa ne pénètre pas dans le rêve.

L'état d'homosexualité se saisissait chez ce patient à première vue. Il n'avait cultivé ni amitié ni aucun intérêt social ; l'impression s'imposait d'un délire auquel serait incombée la charge de l'évolution de ses rapports avec l'homme, comme pour lui permettre de rattraper une part de ce qu'il avait manqué à réaliser. La mince importance du père dans sa famille et un trauma homosexuel humiliant dans ses primes années de jeune garçon avaient concouru à réduire au refoulement son homosexualité et à lui barrer la route vers la sublimation. Sa jeunesse tout entière fut dominée par un fort attachement à la mère. De plusieurs fils, il était le chéri avoué de sa mère, et

desenvolveu por ela um forte ciúme do tipo normal. Quando mais tarde ele se decidiu pelo casamento, decisão tomada sob a força desse motivo essencial de trazer riqueza para sua mãe, sua necessidade de uma mãe virginal se expressou em dúvidas obsessivas sobre a virgindade de sua noiva. Os primeiros anos de seu casamento foram sem vestígios de ciúme. Ele então foi infiel à sua esposa e se envolveu em uma ligação duradoura com uma outra. Do momento em que o temor de uma suspeita precisa o fez cortar essas relações amorosas, irrompeu nele um ciúme do segundo tipo, o ciúme da projeção, por meio do qual ele pôde impor silêncio às censuras relativas à sua infidelidade. Ele logo se complicou pela entrada em cena de tendências homossexuais, cujo objeto era seu padrasto, para formar uma paranoia de ciúme, plena e inteira.

Meu segundo caso provavelmente não teria sido classificado, sem a análise, como *paranoia persecutoria*, mas fui compelido a conceber esse jovem como um candidato a esse desfecho mórbido. Havia, em seu relacionamento com o pai, uma ambivalência de uma envergadura totalmente extraordinária. Ele era, por um lado, o rebelde declarado que em todos os aspectos havia se desenvolvido manifestamente desviando-se dos desejos e dos ideais de seu pai; por outro lado, em um nível mais profundo, ele foi sempre o mais submisso dos filhos, aquele que, depois da morte de seu pai, tomou consciência de uma dívida de coração e se proibiu gozar da mulher. Suas relações com os homens, na realidade, eram abertamente sob o signo da desconfiança; com sua força de inteligência, ele sabia racionalizar essa reserva e pretendia tudo ajeitar de maneira que seus conhecidos e amigos o enganassem e explorassem. O que ele me ensinou de novo foi que as ideias

Tradução: "Alguns mecanismos neuróticos no ciúme ..." 147

il épanouit à son endroit une forte jalousie du type normal. Lorsque plus tard il se décida pour un mariage, décision prise sous le coup de ce motif essentiel d'apporter la richesse à sa mère, son besoin d'une mère virginale s'exprima dans des doutes obsessionnels sur la virginité de sa fiancée. Les premières années de son mariage furent sans traces de jalousie. Il fut alors infidèle à sa femme et s'engagea dans une liaison durable avec une autre. Dès que l'effroi d'un soupçon précis l'eut fait rompre ces relations amoureuses, une jalousie du second type éclata chez lui, jalousie de projection, au moyen de quoi il put imposer silence aux reproches touchant son infidélité. Elle se compliqua bientôt par l'entrée en scène de tendances homosexuelles, dont l'objet était son beau-père, pour former une paranoïa de jalousie, pleine et entière.

Mon second cas n'aurait vraisemblablement pas été classé sans l'analyse comme *paranoïa persecutoria*, mais je fus contraint de concevoir ce jeune homme comme un candidat à cette issue morbide. Il existait chez lui une ambivalence dans les relations avec son père d'une envergure tout à fait extraordinaire. Il était d'une part le rebelle avoué qui s'était développé manifestement et en tous points, en s'écartant des désirs et des idéaux de son père ; d'autre part, dans un plan plus profond, il était toujours le plus soumis des fils, celui qui, après la mort de son père, eut conscience d'une dette de coeur, et s'interdit la jouissance de la femme. Ses rapports avec les hommes dans la réalité se posaient ouvertement sous le signe de la méfiance ; avec sa force d'intelligence il savait rationaliser cette réserve, et s'entendait à tout arranger en sorte que ses connaissances et amis le trompent et l'exploitent. Ce qu'il m'apprit de neuf, c'est que les classiques idées de

clássicas de perseguição podem subsistir sem encontrar fé ou assentimento no sujeito. Ocasionalmente, durante a análise, via-se que esses passavam num breve instante, mas ele não lhes dava nenhuma importância e, via de regra, zombava deles. Pode ocorrer que o mesmo se dê em muitos casos de paranoia. As ideias delirantes que se manifestam quando uma tal afeição irrompe, talvez as consideremos como neoproduções, embora tenham sido constituídas há muito tempo.

Uma visão primordial parece-me ser a de que uma instância qualitativa, tal como a presença de certas formações neuróticas, importa menos, na prática, do que essa instância quantitativa, a saber, qual grau de atenção, ou, com mais rigor, que ordem de investimento afetivo esses temas podem concentrar. A discussão de nosso primeiro caso, o da paranoia de ciúme, nos incitou a dar esse valor à instância quantitativa, mostrando-nos que a anomalia, ali, consistia essencialmente nesse superinvestimento afetado das interpretações concernentes ao inconsciente do estranho. Através da análise da histeria, conhecemos, há muito tempo, um fato análogo. Os fantasmas patogênicos, as brotações de tendências reprimidas, são por muito tempo tolerados ao lado da vida psíquica normal e não têm eficácia mórbida até que recebam uma tal sobrecarga de uma revolução da libido; de saída, irrompe, então, o conflito que conduz à formação do sintoma. Assim, somos cada vez mais conduzidos, na busca de nosso conhecimento, a trazer para o primeiro plano o ponto de vista *econômico*. Gostaria também de levantar a questão de saber se essa instância quantitativa, sobre a qual insisto aqui, não tende a abranger os fenômenos para os quais Bleuler e outros recentemente querem introduzir o conceito de "ação de circuito".

persécution peuvent subsister, sans trouver chez le sujet foi ni assentiment. Occasionnellement, durant l'analyse, on les voyait passer en éclairs, mais il ne leur accordait aucune importance et, dans la règle, s'en moquait. Il se pourrait qu'il en fût de même dans bien des cas de paranoïa. Les idées delirantes qui se manifestent quand une telle affection éclate, peut-être les tenons-nous pour des néoproductions, alors qu'elles sont constituées depuis longtemps.

Une vue primordiale me paraît être celle-ci, qu'une instance qualitative, telle que la présence de certaines formations névrotiques, importe moins en pratique que cette instance quantitative, à savoir, quel degré d'attention, ou, avec plus de rigueur, quel ordre d'investissement affectif ces thèmes peuvent concentrer en eux. La discussion de notre premier cas, de la paranoïa de jalousie, nous avait incité à donner cette valeur à l'instance quantitative, en nous montrant que l'anomalie consistait là essentiellement en ce surinvestissement affecté aux interprétations touchant l'inconscient étranger. Par l'analyse de l'hystérie, nous connaissons depuis longtemps un fait analogue. Les fantasmes pathogènes, les rejetons de tendances réprimées, sont tolérés longtemps à côté de la vie psychique normale et n'ont pas d'efficacité morbifique, jusqu'à ce qu'ils reçoivent d'une révolution de la libido une telle surcharge ; d'emblée éclate alors le conflit qui conduit à la formation du symptôme. Ainsi sommes-nous conduits de plus en plus, dans la poursuite de notre connaissance, à ramener au premier plan le point de vue *économique*. J'aimerais aussi soulever le point de savoir si cette instance quantitative sur quoi j'insiste ici, ne tend pas à recouvrir les phénomènes pour lesquels Bleuler et d'autres récemment veulent introduire le

Bastaria admitir que de um acréscimo de resistência em uma direção do curso psíquico segue-se uma sobrecarga de uma outra via, e, desse modo, sua colocação em circuito em um ciclo que decorre.

Um contraste instrutivo foi revelado em meus dois casos de paranoia quanto ao comportamento dos sonhos. Enquanto no primeiro caso os sonhos, como o observamos, eram livres de todo delírio, o segundo doente produziu um grande número de sonhos de perseguição, nos quais se pode ver os pródromos e os equivalentes para as ideias delirantes de mesmo conteúdo. O agente perseguidor, do qual ele só conseguia fugir com grande ansiedade, era via de regra um possante touro ou algum outro símbolo de virilidade, que, muitas vezes, ele reconheceu, no decorrer mesmo do sonho, como uma forma de substituição do pai. Certa vez ele relatou, em nota paranoica, um sonho de transferência muito característico. Ele via que eu me barbeava na companhia dele e notava, pelo odor, que eu usava o mesmo sabonete que seu pai. Eu agia assim para obrigá-lo à transferência do pai para minha pessoa. Na escolha da situação sonhada evidencia-se, de maneira impossível de ignorar, a escassa consideração que o paciente faz de seus fantasmas paranoicos e o pouco crédito que lhes concede; pois uma observação banal poderia instruí-lo de que, em geral, não me coloco na posição de me servir de sabonete de barbear e que, portanto, nesse ponto, eu não oferecia nenhum apoio à transferência paterna.

Mas a comparação dos sonhos em nossos dois pacientes nos ensina que a questão levantada por nós, a saber, se a paranoia (ou qualquer outra psiconeurose) poderia penetrar até mesmo no sonho, não repousa apenas em uma concepção incorreta

concept d'« action de circuit ». Il suffirait d'admettre que d'un surcroît de résistance dans une direction du cours psychique s'ensuit une surcharge d'une autre voie, et par là sa mise en circuit dans un cycle qui s'écoule.

Un contraste instructif se révélait dans mes deux cas de paranoïa quant au comportement des rêves. Alors que, dans le premier cas, les rêves, nous l'avons noté, étaient purs de tout délire, le second malade produisait en grand nombre des rêves de persécution, où l'on peut voir des prodromes et des équivalents pour les idées delirantes de même contenu. L'agent persécuteur, auquel il ne pouvait se soustraire qu'avec une grande anxiété, était dans la règle un puissant taureau ou quelque autre symbole de la virilité, que bien des fois en outre il reconnut au cours même du rêve comme une forme de substitution du père. Une fois il rapporta, dans la note paranoïaque, un très caractéristique rêve de transfert. Il vit qu'en sa compagnie je me rasais, et remarqua à l'odeur que je me servais du même savon que son père. J'en agissais ainsi pour l'obliger au transfert du père sur ma personne. Dans le choix de la situation rêvée se montre, de façon impossible à méconnaître, le maigre cas que fait le patient de ses fantasmes paranoïaques et le peu de créance qu'il leur accorde ; car une contemplation quotidienne pouvait l'instruire qu'en général je ne me mets pas dans le cas de me servir de savon à raser, et qu'ainsi sur ce point je n'offrais aucun appui au transfert paternel.

Mais la comparaison des rêves chez nos deux patients nous apprend que la question soulevée par nous, à savoir si la paranoïa (ou toute autre psychonévrose) pouvait pénétrer même dans le rêve, ne repose que sur une conception incorrecte du

do sonho. O sonho difere do pensamento de vigília pelo fato de que ele pode acolher conteúdos (do domínio recalcado) que não têm o direito de se apresentar no pensamento de vigília. Uma vez abstraído isso, ele é apenas uma *forma do pensamento*, uma transformação da matéria pensável da pré-consciência, por meio do trabalho do sonho e de suas determinações. Ao próprio recalcado não se aplica nossa terminologia de neurose; não se pode qualificá-lo nem como histérico, nem como obsessivo, nem como paranoico. É, ao contrário, a outra parte do material submetido à elaboração do sonho: são os pensamentos pré-conscientes que podem ser normais ou trazer em si o caráter de algum tipo de neurose. Os pensamentos pré-conscientes têm chances de ser os resultados de todos esses processos patogênicos nos quais reconhecemos a essência de uma neurose. Não se vê por que cada uma dessas ideias mórbidas não deveria sofrer a transformação em um sonho. Sem ir mais longe, um sonho pode então nascer de um fantasma histérico, de uma representação obsessiva, de uma ideia delirante, quero dizer: colocar tais elementos em sua interpretação. Em nossa observação de dois paranoicos, nos demos conta de que o sonho de um é normal, embora o homem esteja em acesso, e que o do outro tem um conteúdo paranoico, embora o sujeito ainda zombe de suas ideias delirantes. Assim, nos dois casos, o sonho acolhe o que, a um só tempo, é reprimido durante a vida de vigília. Mesmo isso não é necessariamente a regra.

C) *A homossexualidade*. O reconhecimento do fator orgânico da homossexualidade não nos dispensa de estudar os processos psíquicos que estão em sua origem. O processo típico,

Tradução: "Alguns mecanismos neuróticos no ciúme ..."

rêve. Le rêve se distingue de la pensée de veille en ce qu'il peut accueillir des contenus (du domaine refoulé) qui n'ont pas le droit de se présenter dans la pensée vigile. Abstraction faite de cela, il n'est qu'une *forme de la pensée*, une transformation de la matière pensable de la préconscience, par le travail du rêve et ses déterminations. Au refoulé lui-même notre terminologie des névroses ne s'applique pas ; on ne peut le qualifier ni d'hystérique, ni d'obsessionnel, ni de paranoïaque. C'est au contraire l'autre partie de la matière soumise à l'élaboration du rêve, ce sont les pensées préconscientes qui peuvent ou bien être normales, ou porter en soi le caractère d'une quelconque névrose. Les pensées préconscientes ont des chances d'être des résultats de tous ces processus pathogènes où nous reconnaissons l'essence d'une névrose. On ne voit pas pourquoi chacune de ces idées morbides ne devrait pas subir la transformation en un rêve. Sans aller plus loin, un rêve peut ainsi naître d'un fantasme hystérique, d'une représentation obsessionnelle, d'une idée délirante, je veux dire livrer dans son interprétation de tels éléments. Dans notre observation de deux paranoïaques, nous trouvons que le rêve de l'un est normal, alors que l'homme est en accès, et que celui de l'autre a un contenu paranoïaque, quand le sujet se moque encore de ses idées délirantes. Ainsi, dans les deux cas, le rêve accueille ce qui dans le même temps est réprimé lors de la vie de veille. Encore ceci n'est-il pas forcément la règle.

C) *L'homosexualité.* La reconnaissance du facteur organique de l'homosexualité ne nous dispense pas d'étudier les processus psychiques qui sont à son origine. Le processus typique,

bem estabelecido em inúmeros casos, consiste no fato de que, no jovem, até então intensamente fixado à sua mãe, produz-se uma crise alguns anos após a ocorrência da puberdade; ele próprio se identifica com a mãe e busca seus objetos de amor onde ele possa encontrar a si mesmo e tenha a oportunidade de amar, tal como sua mãe o amou. Como vestígio desse processo, uma condição de atração se impõe ao sujeito, em geral por vários anos: que os objetos masculinos tenham a idade em que ocorreu, para ele, a reviravolta. Aprendemos a conhecer os diversos fatores que, com força variável, provavelmente contribuem para esse resultado. Em primeiro lugar, a fixação à mãe, que obstrui a passagem para um outro objeto feminino. A identificação com a mãe permite sair das amarras ligadas a ela, ao mesmo tempo que abre a possibilidade de permanecer fiel, em certo sentido, a esse primeiro objeto. Em seguida, vem a *tendência* à escolha narcísica do objeto, que, de um modo geral, é mais imediata e mais fácil de realizar do que a conversão para o outro sexo. Por trás dessa instância esconde-se uma outra de força bastante particular, ou talvez ela coincida com a primeira: o alto valor atribuído ao órgão masculino e a impossibilidade de renunciar ao que existe no objeto amado. O desprezo pela mulher, a aversão por ela, até mesmo a repugnância que ela provoca, estão ligados, via de regra, à descoberta, feita desde cedo, de que a mulher não tem pênis. Mais tarde, descobrimos também, como poderoso motivo para uma escolha homossexual de objeto, a consideração pelo pai ou a angústia experimentada em relação a ele, quando a renúncia à mulher significa que assim se evita a competição com ele (ou com todos aqueles do sexo masculino que desempenham o seu papel). Esses dois

Tradução: "Alguns mecanismos neuróticos no ciúme ..." 155

bien établi dans des cas sans nombre, consiste en ce que chez le jeune homme, jusqu'alors intensément fixé à sa mère, se produit, quelques années après le cours de la puberté, une crise ; il s'identifie soi-même avec la mère et cherche à son amour des objets où il puisse se retrouver lui-même et qu'il ait le loisir d'aimer, comme sa mère l'a aimé. Comme vestige de ce processus, une condition d'attrait s'impose au sujet, d'habitude pour nombre d'années, c'est que les objets masculins aient l'âge où chez lui le bouleversement eut lieu. Nous avons appris à connaître les divers facteurs qui, avec une force variable, contribuent vraisemblablement à ce résultat. Tout d'abord la fixation à la mère qui enraye le passage à un autre objet féminin. L'identification à la mère permet de sortir des liens qui se rattachent à son endroit, tout en ouvrant la possibilité de rester fidèle en un certain sens à ce premier objet. Ensuite, vient *la tendance* au choix narcissique de l'objet, qui d'une façon générale est plus immédiate et plus facile à accomplir que la conversion vers l'autre sexe. Derrière cette instance s'en dissimule une autre d'une force toute particulière, ou bien peut-être coïncide-t-elle avec la première : le haut prix attaché à l'organe mâle et l'impossibilité de renoncer à ce qu'il existe dans l'objet aimé. Le mépris de la femme, l'aversion pour elle, voire le dégoût qu'elle provoque, se rattachent dans la règle à la découverte tôt faite que la femme ne possède pas de pénis. Plus tard, nous avons découvert encore, comme un puissant motif d'un choix homosexuel de l'objet, les égards pour le père ou l'angoisse éprouvée à son endroit, quand le renoncement à la femme signifie que l'on esquive la concurrence avec lui (ou toutes les personnes mâles qui jouent son rôle). Ces deux derniers motifs, l'arrêt à la condition du pénis,

últimos motivos, o aferro à condição do pênis e a escapada, podem ser atribuídos ao complexo de castração. Apego à mãe, narcisismo, angústia de castração — essas instâncias, aliás nada específicas, nós as identificamos até agora na etiologia psíquica da homossexualidade; aí se associam também a influência de uma sedução, que pode decorrer de uma fixação precoce da libido, bem como a do fator orgânico que favorece o papel passivo na vida amorosa.

Mas nós nunca acreditamos que essa análise da origem da homossexualidade fosse completa. Hoje, estou em condições de indicar um novo mecanismo que leva à escolha homossexual do objeto, embora não possa precisar com qual amplidão seu papel deve ser fixado na constituição da homossexualidade extrema, aquela que é manifesta e exclusiva. A observação me tornou atento a vários casos em que, na primeira infância, tendências ciumentas de uma força singular, provenientes do complexo materno, ergueram-se contra rivais, na maioria das vezes contra irmãos mais velhos. Esse ciúme levava a atitudes intensamente hostis e agressivas para com o grupo de irmãos, atitudes que poderiam chegar ao voto assassino, mas não resistiram à ação do desenvolvimento. Sob a influência da educação, certamente também como resultado do fracasso a que sua impotência as votava, essas tendências foram recalcadas, o sentimento foi invertido, de modo que os precoces rivais eram agora os primeiros objetos homossexuais. Uma tal saída do apego à mãe nos mostra relações, interessantes em mais de um ponto, com outros processos que nos são conhecidos. Ela é, primeiramente, a contrapartida completa do desenvolvimento da *paranoia persecutoria*, na qual as pessoas originalmente amadas tornam-se odiados

Tradução: "Alguns mecanismos neuróticos no ciúme ..."   157

ainsi que la dérobade, peuvent être attribués au complexe de castration. Attachement à la mère — narcissisme, — angoisse de castration, ces instances au reste nullement spécifiques, nous les avons repérées jusqu'alors dans l'étiologie psychique de l'homosexualité ; s'y associent encore l'influence d'une sé-duction, qui peut répondre d'une fixation précoce de la libido, ainsi que celle du facteur organique qui favorise le rôle passif dans la vie amoureuse.

Mais nous n'avons jamais cru que cette analyse de l'ori-gine de l'homosexualité fût complète. Je suis aujourd'hui en état d'indiquer un nouveau mécanisme qui mène au choix homosexuel de l'objet, bien que je ne puisse préciser à quelle ampleur il faut fixer son rôle dans la constitution de l'ho-mosexualité extrême, de celle qui est manifeste et exclusive. L'observation m'a rendu attentif à plusieurs cas où, dans la première enfance, des tendances jalouses d'une force singu-lière, issues du complexe maternel, s'étaient élevées contre des rivaux, le plus souvent contre des frères plus âgés. Cette jalousie menait à des attitudes intensément hostiles et agres-sives envers le groupe des frères, attitudes qui purent aller jusqu'au voeu meurtrier, mais ne résistèrent pas à l'action du développement. Sous l'influence de l'éducation, sûrement aussi par suite de l'échec où les vouait leur impuissance, ces tendances venaient à être refoulées, le sentiment à se retour-ner, si bien que les précoces rivaux étaient maintenant les premiers objets homosexuels. Une telle issue de l'attachement à la mère nous montre des rapports, intéressants en plus d'un point, avec d'autres processus de nous connus. Elle est tout d'abord le pendant complet du développement de la *para-noïa persecutoria*, dans laquelle les personnes primitivement

perseguidores, ao passo que, aqui, os rivais odiados revelam-se objetos de amor. Além disso, ela figura uma exageração do processo que, a meu ver, conduz à gênese individual dos instintos sociais.* Em ambos os casos existem, em primeiro lugar, tendências ciumentas e hostis que não conseguem encontrar satisfação, e os sentimentos de identificação, de natureza amorosa tanto quanto social, nascem como formas de reação contra os impulsos agressivos recalcados.

Esse novo mecanismo da escolha homossexual do objeto, que brota da rivalidade superada e do recalque das tendências agressivas, vem se misturar, em muitos casos, com as determinações típicas que nos são conhecidas. Não é raro saber, por meio da história da vida dos homossexuais, que o ponto de virada ocorreu depois que a mãe elogiou outro filho e o considerou um exemplo. Foi isso que despertou a tendência à escolha narcísica do objeto e, após uma curta fase de ciúme agudo, transformou o rival em objeto amado. Além disso, o novo mecanismo se distingue pelo fato de que, nesses casos, a transformação se produz ao longo dos anos bem mais precoces e que a identificação com a mãe passa para segundo plano. Do mesmo modo, nos casos que observei, ela apenas levava a atitudes homossexuais que não excluíam a heterossexualidade e não acarretavam nenhum *horror feminæ*.

É bem conhecido o fato de que um número bastante grande de pessoas homossexuais se caracteriza por um desenvolvimento particular dos instintos de tendência social e por sua

---

* Ver "Psicologia das massas e análise do eu", *Edição standard brasileira das obras psicológicas completas de Sigmund Freud*, v. XVIII. Rio de Janeiro: Imago, (1921)1969.

aimées se changent en persécuteurs haïs, tandis qu'ici les rivaux haïs se retrouvent objets d'amour. Par-delà elle figure une exagération du procès qui, selon mes vues, mène à la genèse individuelle des instincts sociaux*. Ici et là existent tout d'abord des tendances jalouses et hostiles qui ne peuvent trouver satisfaction, et les sentiments d'identification, de nature amoureuse, aussi bien que sociale, naissent comme formes de réaction contre les impulsions agressives refoulées.

Ce nouveau mécanisme du choix homosexuel de l'objet, qui jaillit de la rivalité surmontée et du refoulement des tendances agressives, vient se mêler, dans bien des cas, aux déterminations typiques de nous connues. Il n'est pas rare d'apprendre, par l'histoire de la vie des homosexuels, que le tournant est survenu après que la mère eut fait l'éloge d'un autre enfant et l'eut donné en exemple. C'est là ce qui a réveillé la tendance au choix narcissique de l'objet et, après une courte phase de jalousie aiguë, changé le rival en objet aimé. Par ailleurs, le nouveau mécanisme se distingue en ce que dans ces cas la transformation se produit au cours d'années bien plus précoces et que l'identification à la mère passe au second plan. Aussi bien, dans les cas que j'ai observés, ne conduisait-il qu'à des attitudes homosexuelles, qui n'excluaient pas l'hétérosexualité et n'entraînaient aucune *horror feminæ*.

Le fait est bien connu qu'un assez grand nombre de personnes homosexuelles se signalent par un développement particulier des instincts à tendance sociale et par leur dévouement

---

* Voyez « Psychologie des foules et analyse du moi », 1921 (vol. vi des *OEuvres complètes*), trad. française Jankélévitch, Paris, Payot.

dedicação a interesses de utilidade pública. Ficar-se-ia tentado a lhe oferecer essa explicação teórica: um homem que vê nos outros homens virtuais objetos de amor deve se comportar em relação à comunidade dos homens de forma diferente de um outro que é forçado a cogitar o homem primeiramente como rival junto a uma mulher. Uma única consideração opõe-se a isso: é que no amor homossexual também há rivalidade e ciúme, e que a comunidade dos homens compreende também esses possíveis rivais. Mas, se nos abstivermos dessa motivação especulativa, não pode ser indiferente para as relações da homossexualidade e do senso social o fato de que, efetivamente, não seja raro ver a escolha homossexual nascer do objeto de um domínio precoce da rivalidade para com o homem.

Na concepção psicanalítica, estamos acostumados a conceber os sentimentos sociais como sublimações de comportamentos homossexuais quanto ao seu objeto. Entre os homossexuais dotados de senso social, os sentimentos sociais não teriam operado seu desapego da escolha primitiva do objeto com uma felicidade plena.

Tradução: "Alguns mecanismos neuróticos no ciúme ..." 161

à des intérêts d'utilité publique. On serait tenté de lui donner cette explication théorique, qu'un homme qui voit dans les autres hommes de virtuels objets d'amour, doit se comporter différemment envers la communauté des hommes, qu'un autre qui est forcé d'envisager l'homme d'abord comme un rival auprès de la femme. Une seule considération s'y oppose, c'est que dans l'amour homosexuel il y a aussi rivalité et jalousie et que la communauté des hommes comprend aussi ces rivaux possibles. Mais, s'abstiendrait-on de cette motivation spéculative, il ne peut être indifférent, pour les rapports de l'homosexualité et du sens social, qu'en fait il ne soit pas rare de voir naître le choix homosexuel de l'objet d'une maîtrise précoce de la rivalité à l'égard de l'homme.

Dans la conception psychanalytique nous sommes habitués à concevoir les sentimentssociaux comme des sublimations de comportements, homosexuels quant à leur objet. Chez les homosexuels doués de sens social, les sentiments sociaux n'auraient pas opéré leur détachement du choix primitif de l'objet avec un entier bonheur.

Fontes

Abasia em uma traumatizada de guerra [pp. 11-21]

Publicado originalmente sob as assinaturas dos srs. Trénel e Jacques É.-L. Lacan, na *Revue neurologique*, v. 1. Paris: Masson, 1928, pp. 233-7.

Essa comunicação foi apresentada por Marc Trénel e Jacques E. L. Lacan na Sociedade de Neurologia de Paris, durante a sessão de 2 de fevereiro de 1928.

Loucuras simultâneas [pp. 23-36]

Publicado originalmente sob as assinaturas dos srs. Henri Claude, P. Migault e J. Lacan, nos *Annales médico-psychologiques* [A.M.P.], n. 1. Paris: Masson, dez. 1931, pp. 483-90.

Essa comunicação foi apresentada por Henri Claude, Pierre Migault e Jacques Lacan na Sociedade Médico-Psicológica, sessão de 21 de maio de 1931.

Estrutura das psicoses paranoicas [pp. 37-59]

Publicado sob a assinatura de Jacques Lacan, Interne des Asiles de la Seine, em *La Semaine des Hôpitaux de Paris*. Paris: jul. 1931, pp. 437-45.

Escritos "inspirados": Esquizografia [pp. 61-86]

Publicado originalmente sob as assinaturas de J. Lévy-Valensi, P. Migault e J. Lacan, nos *Annales médico-psychologiques* [A.M.P.], n. 5. Paris: Masson, dez. 1931, pp. 508-22.

164   *Primeiros escritos*

A observação que serve de base a esse trabalho foi apresentada à
Sociedade Médico-Psicológica, sessão de 12 de novembro de 1931, sob
o título: "Distúrbios da linguagem escrita em uma paranoica apresentando elementos delirantes do tipo paranoide (esquizografia)".

O problema do estilo e a concepção psiquiátrica das formas paranoicas da experiência [pp. 87-93]

Publicado originalmente — com a assinatura do dr. Jacques Lacan
— na revista *Le Minotaure*, n. 1. Paris: Albert Skira, jun. 1933, pp. 68-9.

Motivos do crime paranoico: O crime das irmãs Papin [pp. 95-107]

Publicado originalmente sob o título *"Motifs du crime paranoïaque"*
— com a assinatura do dr. Jacques Lacan — na revista *Le Minotaure*,
n. 3/4. Paris: Albert Skira, dez. 1933, pp. 25-8.

Psicologia e estética [pp. 109-21]

Análise clínica e crítica escrita por Jacques M. Lacan a propósito do
trabalho de Eugène Minkowski *Le temps vécu: Études phénoménologiques
et psychopathologiques* — publicada em um volume de quatrocentas
páginas na col. Évolution Psychiatrique. A síntese foi publicada em
Recherches philosophiques, fascículo n. 4, 1935, pp. 424-31.

Alucinações e delírios [pp. 123-31]

Análise clínica e crítica escrita por Jacques M. Lacan a propósito do
trabalho de Henri Ey *Hallucinations et délire* — publicada em 1935 em
um volume de 178 páginas.. Síntese publicada em *Évolution psychiatrique*, fascículo n. 1. Paris: F. Alcan, 1935. pp. 87-91.

Fontes 165

Tradução: "Alguns mecanismos neuróticos no ciúme, na paranoia e na homossexualidade", por S. Freud [pp. 132-61]

Publicado pela primeira vez em *Internationale Zeitschrift für Psychoanalyse*, v. VIII, 1922.

Traduzido do alemão para o francês por Jacques Lacan e publicado na *Revue Française de Psychanalyse* (Órgão oficial da Sociedade Psicanalítica de Paris), n. 3, 1932, pp. 391-401.

Campo Freudiano no Brasil

- Os complexos familiares
- Nos confins do Seminário
- Escritos
- Estou falando com as paredes
- Meu ensino
- O mito individual do neurótico
- Nomes-do-Pai
- Outros escritos
- O Seminário

Livro 1: Os escritos técnicos de Freud

Livro 2: O eu na teoria de Freud e na técnica da psicanálise

Livro 3: As psicoses

Livro 4: A relação de objeto

Livro 5: As formações do inconsciente

Livro 6: O desejo e sua interpretação

Livro 7: A ética da psicanálise

Livro 8: A transferência

Livro 10: A angústia

Livro 11: Os quatro conceitos fundamentais da psicanálise

Livro 16: De um Outro ao outro

Livro 17: O avesso da psicanálise

Livro 18: De um discurso que não fosse semblante

Livro 19: ... ou pior

Livro 20: Mais, ainda

Livro 23: O sinthoma

- Televisão
- O triunfo da religião

Jacques Lacan

- A terceira | Teoria de lalíngua

Jacques Lacan |
Jacques-Alain Miller

- A batalha do autismo

Éric Laurent

- Como terminam as análises
- Lacan elucidado
- Matemas I
- O osso de uma análise
- Percurso de Lacan
- Perspectivas do Seminário 23 de Lacan
- Perspectivas dos Escritos e Outros escritos de Lacan

Jacques-Alain Miller

- Lacan redivivus

Jacques-Alain Miller e Christiane Alberti

- A inibição intelectual na psicanálise

Ana Lydia Santiago

ESTA OBRA FOI COMPOSTA POR MARI TABOADA EM DANTE PRO E
IMPRESSA EM OFSETE PELA GRÁFICA BARTIRA SOBRE PAPEL PÓLEN BOLD
DA SUZANO S.A. PARA A EDITORA SCHWARCZ EM JULHO DE 2024

A marca FSC® é a garantia de que a madeira utilizada na fabricação do papel deste livro provém de florestas que foram gerenciadas de maneira ambientalmente correta, socialmente justa e economicamente viável, além de outras fontes de origem controlada.